風水學教科書

利用風水布局，
打造一個最好命・好運・好風水的環境！

易學易懂・完整實用・
詳細圖解・專業知識，
與宇宙統一磁場，
達到天地人合一的境界！

何榮柱◎編著

前言

運用風水化解生活疾厄

風水術又稱堪輿學、相地術、地理、相宅術、青囊術、青烏、形法等，是我國古代方術的重要組成部分，也是中華傳統文化的重要內容。在五千年的華夏文化當中，風水學始終伴隨並左右著人們的生活，華夏兒女在幾千年前就開始研究自然環境對人類生活的深刻影響。對於古代人而言，風水學其實就是論述和指導人們如何去選擇和處理陽宅和陰宅的方位、朝向、營建、布局、擇日等一系列的議題和學說，延伸發展到現代，通俗一點來講就是選擇最佳居住環境、辦公環境、建築環境及陰宅環境的一種方法。

風水也是一門綜合學科，研究的是人類與大自然的關係，是先人經過漫長的時間，歸納生活經驗而來的。雖然它往往被披上神祕的面紗，但幾千年來，人們代代傳承這門學科，至今已發展成生活中不可或缺的智慧！它在人們現實生活中的確扮演著重要的角色，是禁得起時間檢驗的。

之前我的學生們曾大量走訪坊間風水類相關書籍的讀者，發現絕大多數讀者普遍感覺相關古書太專業化，往往晦澀難懂，不僅閱讀困難，而且往往還需要掌握大量的風水專業知識和文言知識。有鑑於此，本書以大眾通俗易懂的形式編著整理，將複雜的風水知識簡化為理論和實際兩種形式，理論中穿插實例圖片，讓每位讀者即使不熟悉風水專業知識，也可輕鬆瞭解風水學要義，學以致用，並可根據個人情況，把此書當成實用的風水百科實踐全書，全面解決風水方面遇到的實際問題。

望所有與此書結緣之讀者吉祥安康、凡事順遂！

何榮柱二〇一二、三、十於臺北

CONTENTS 目錄

01 住屋樣貌解說

三合院

三合院是傳統的大陸式住宅，從主屋來看，位於左手（青龍），右手（白虎）的房子呈現井然有序的狀態，是依照龍穴的模式建造的，現吉形。

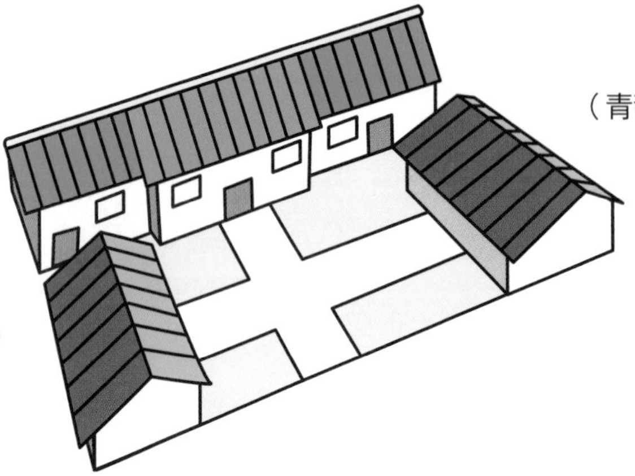

陰陽配合式

陰陽配合恰當的住宅，主屋與別外一棟房屋整齊並列，其中，主屋或後面的房屋高一點為吉。與此相反的形狀則凶。

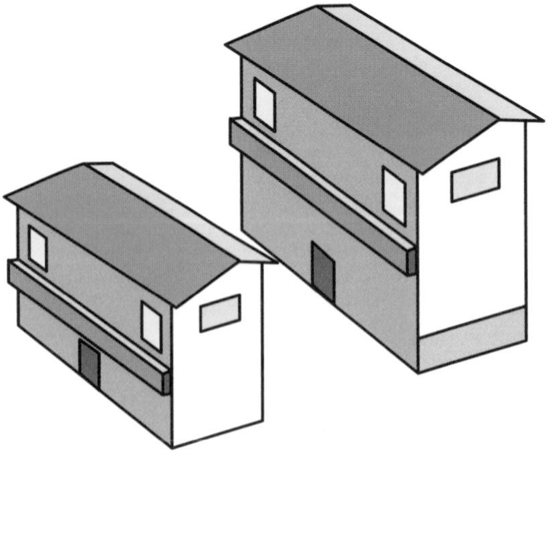

亡字屋

主屋與另一棟房子有連接的住宅，缺青龍邊或白虎邊，形成「亡」字行。家運盛衰不定，最終會一敗塗地。雖然類似三合院，但是它的特徵是主屋分離，又與另一棟房屋互有聯繫，為凶形。

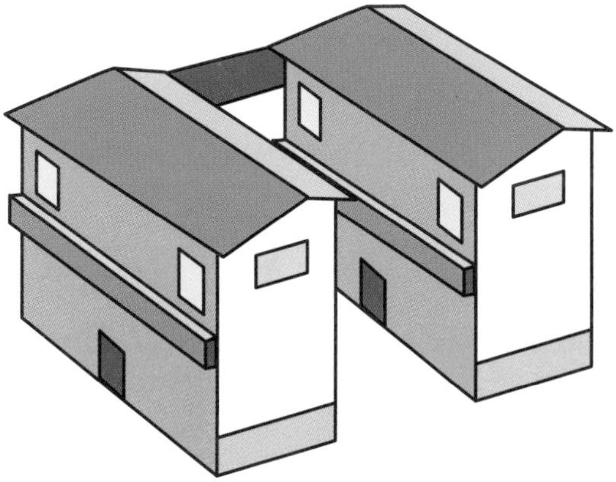

川字屋

三棟房屋並列，各棟互有牽連，成為「川」字形的住宅。住在這種宅形住宅的女性容易流產墮胎，健康受損，無法遇到好的姻緣，會和配偶離婚，嘗到孤單的滋味。

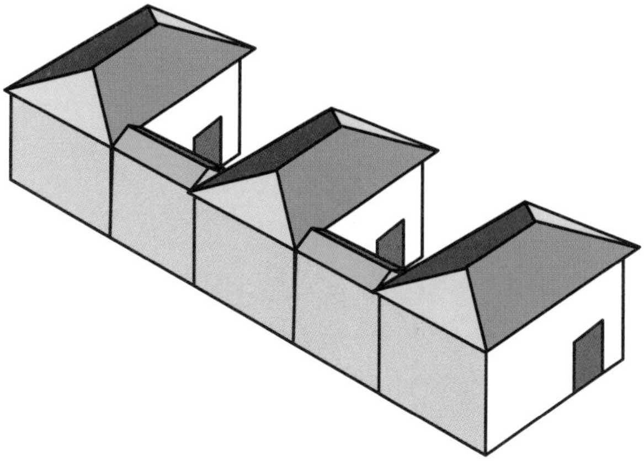

丁字屋

主屋和另一棟房屋呈「丁」字形排列住宅，又稱「沖丁煞」。住在這種宅形的住宅中，會忤逆師長，行為放蕩，有招致災禍，身體損傷的危險。

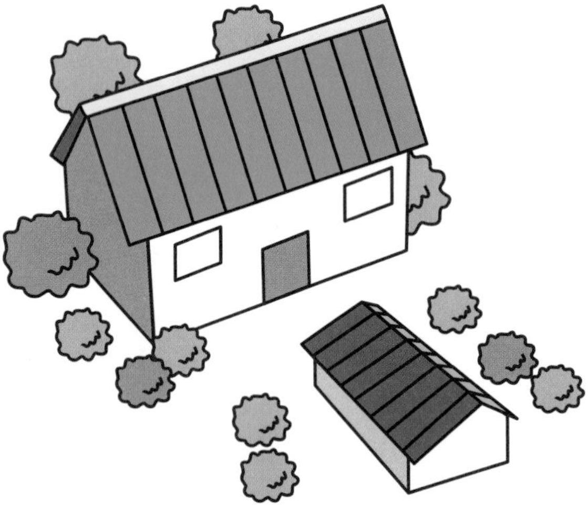

反曲尺屋

在主屋的後方有像曲尺之形般的另一棟房屋，住在這種形狀房屋中的人除了金錢的損失和健康容易出現問題外，人際關係方面也會因為反目、對立、不合而煩惱。另外這種屋形很容易和位於主屋之前的曲尺屋混同，要特別注意。

扛轎屋

所謂「扛轎」就是兩個人或四個人搬運物品的工具，在主屋前方和後方，共同四棟房子的住宅。住在這種屋形住宅裏面的人不僅會有金錢上的損失、易患疾病、容易受傷，而且糾紛不斷，在不安與顫慄中過日子。

曲尺屋（L型屋）

曲尺屋就是形狀好像曲尺般的住宅，從主屋來看，無論向右彎或向左彎，都會產生凶的作用，居住在裏面的人，容易產生手腳痛或者容易生病。對男女都不利。家族中有人會背井離鄉，前往外地。

推車屋

這種宅形令人聯想到手推車的形狀，主屋後放有兩棟與主屋成垂直的住宅。這種住宅的主人不會把金錢分給家人，會拋妻棄子逃亡，恐怕會家破人亡，遭遇破產的慘況。

槌胸屋

從主屋來看，右手邊或其他呈鑰匙形的住宅相通。家人會有口腔疼痛、消化不良的煩惱，也會出現忤逆雙親的不孝子，很難出現好的後代。

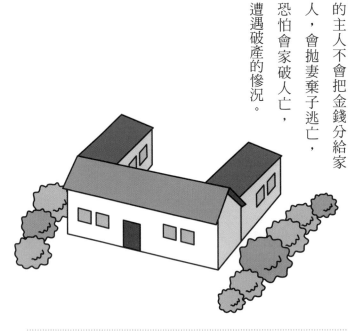

忤逆屋

沒有左右的關係，與主屋直角相連的另一棟房屋外側，又有一棟反直角房屋之形狀的住宅。這種宅形容易生養不孝子、形成無法互相理解的親子關係。

單耳房

主屋旁邊有一棟小房屋的住宅，令人聯想只有一隻耳朵的模樣，因此如此命名。除了住在住宅裏面的人以外，連家畜及寵物都會產生健康方面的問題。

雙耳房

主屋兩旁分別與兩棟小屋相連，有如主屋是臉，兩旁小屋是耳朵的形狀。住在這種住宅裏面家庭內糾紛不斷、恐有流血的紛爭，健康方面，容易患腫瘤。

白虎抬頭

主屋的右手或左手旁邊有另一棟直角連接的住宅，而且此屋比主屋還高，與忤逆屋類似。要特別注意與主屋分離的另一棟房子比較高一點。住在這種住宅裏的人，家人有血光之災，也可能遭受金錢方面的損失。

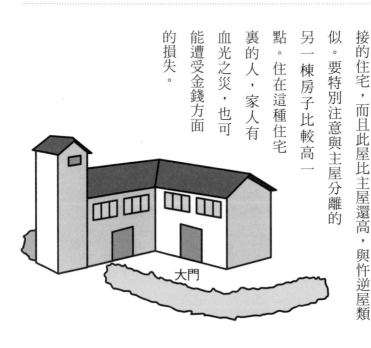

雙口屋

一棟房子有兩個玄關，意味著親子之間的關係淡薄。小孩對雙親不孝，親子之間形勢險惡。這種建築常見於現代兩代人同堂的住宅。

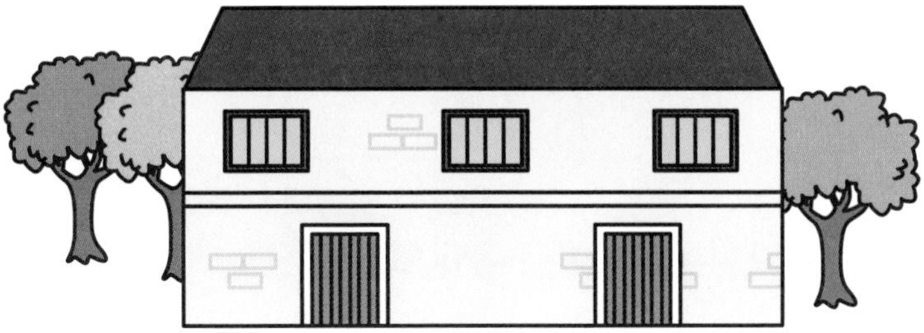

工字屋

主屋分別被兩側的房屋所夾住，呈「工」字形。住在這種形狀住宅中的人容易患腳疾，女性則容易難產、受傷或生病。

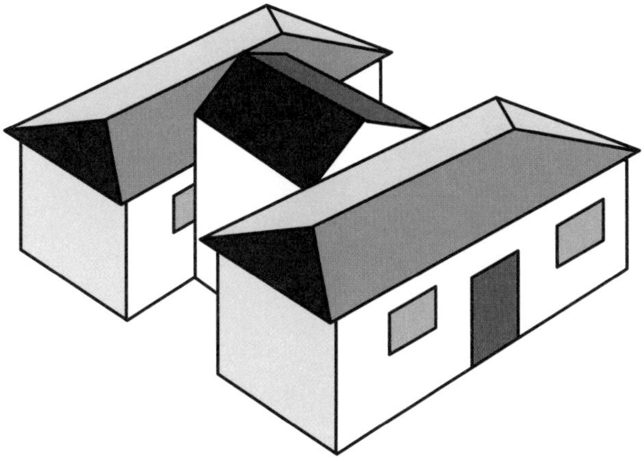

停喪屋（埋兒煞）

主屋前方偏左或偏右處有一棟小屋或倉庫之類的建築，這種住宅會導致災禍接二連三的發生，前建小屋時，千萬不能漫不經心。

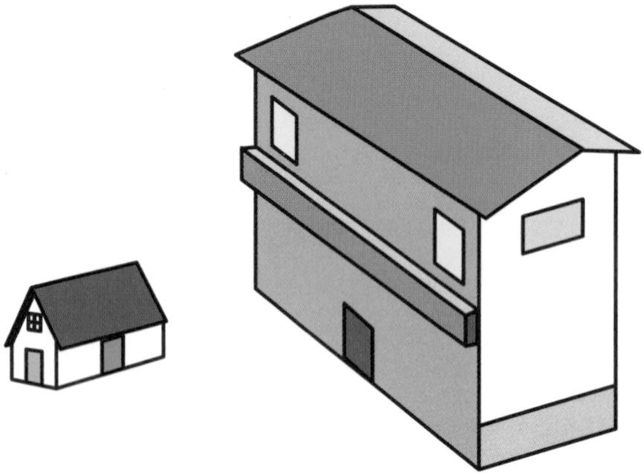

塞胸屋

基本上屬於三合院建築。但是主屋正面中庭另有一棟建築物。這種設計就好像胸口被塞住一樣，居住者的心情總是開朗不了，悶悶不樂，容易患眼疾、頭痛、墮胎、難產等疾病。

前後有枯樹

也就是住宅的前方或後方有枯樹。住在這種住宅中的人容易患腫瘤、氣喘、生命力低落、甚至可能走到自殺的地步。

有虎無龍

從主屋的方向看，右前方有一棟住宅，主屋沒有和另一棟住宅相連，並不構成鑰匙形，住在這種住宅的女性控制了主權，男性則會生活的很辛苦。

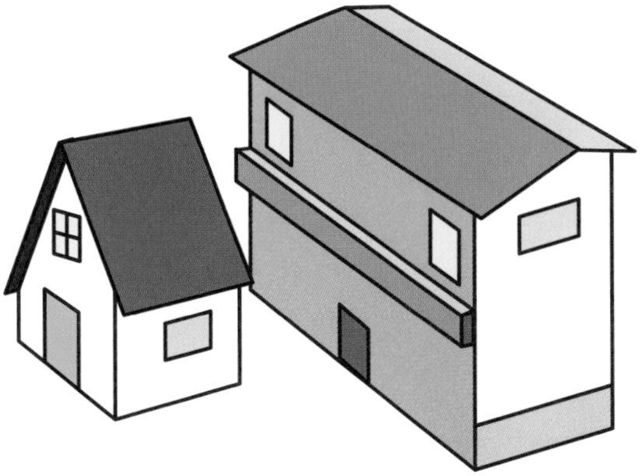

有龍無虎

從主屋的方向看，左前方有另一棟住宅，主屋沒有和另一棟住宅連接，並不構成鑰匙形，這種住宅會使家中的女性和老人陷入勞苦之境。

鵝頭射門（屋脊煞）

就好像鵝的頭射到門一樣，建築物屋頂的頭部朝向房屋的入口或玄關。暗示住在這間住宅的人可能發生頭部、眼部的疾病，訴訟及法律上的糾紛，盜竊、健康方面的損傷等。

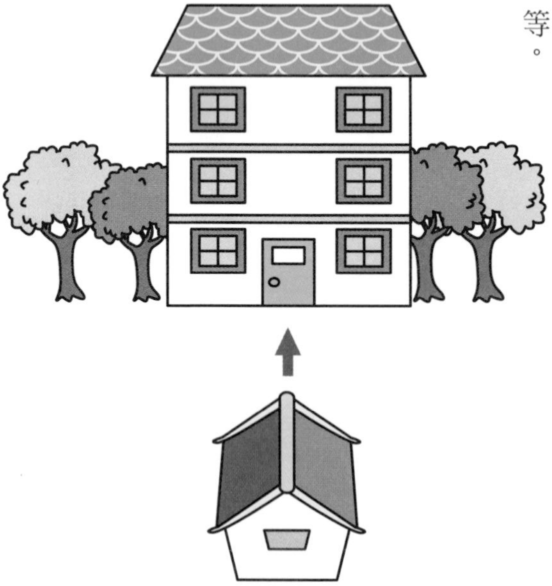

射肋屋

主屋與另一棟房屋的位置即不平行也不垂直，而是斜邊的住宅。所謂「射肋」就是指左手或者右手的肋下遭受攻擊的形狀。住在這棟房屋裏面的人容易患手腳疾、風濕痛、神經痛、此外，也會有腰及大腿的損傷、骨折、肝臟及肺臟的病症、咳血的煩惱。

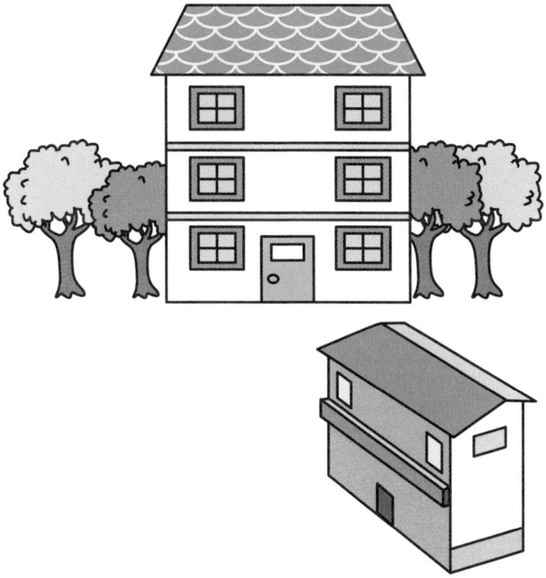

前面破碎

住宅的前方或者後方有空屋，或有堆置木頭、工具、雜物的場所等。住入這種住宅的人存不了錢，疾病也會慢慢惡化，家人會分離，沒辦法安心。

02 風水學概論

風水，又稱堪輿，這個玄又神祕的名稱，我個人認為它並非中國古代文化的難解之謎！風水究竟是不是迷信、有沒有科學根據、房屋建築怎樣選址設計、室內裝飾和家具布置是否與吉凶有關等，這些與現代生活息息相關的問題，都需要科學實事求是的闡釋。

太極生兩儀，兩儀生四象，四象生八卦，八卦生二十四山。風水學的範疇可概分為：龍、穴、砂、水、向、意、形、天。古人把風水稱為「堪輿」，也叫「地理」，所謂的「堪輿風水地理」可這樣解釋：「堪」是觀察天，「輿」是勘察地，「風」是指空氣、空間，「水」是指水文、水質，「地」代表地形、地質，「理」代表一門學說的研究、分析、理論。

地球上占最大體積的物質是什麼？就是風、水、地。人類賴以生存的最基本物質是什麼？也是空氣、水和土地。一切生命都離不開這三大要素。古人認為在大地上除了地和水之外，就是廣闊的空間，只有氣，也就是風，能充塞這廣闊的空間，因此風也就代表了空間，和天是連為一體的。

由此可見，古人所說的「風水」，一方面泛指地球上的所有物質，另一方面則涵蓋了我們生於斯、長於斯、死於斯的生存空間。風水學，就是研究人類賴以生存發展的物質和環境的學說。

03 風水學的起源與發展

中國風水學由來已久，且源遠流長。遠可上溯自原始社會，經戰國先秦時期，秦、漢、魏晉、隋、唐、五代，至宋、明、清而大盛，到民國現代則又興起返古研究並結合科學思想的風潮。可說，自中國有文字以來，就不難找到《易經》風水的蹤跡，只是古代並不以「風水學」來稱呼它而已。

縱觀歷史，先秦是風水學說的孕育期，宋代是全盛時期，明、清是氾濫時期。由於明、清兩代對各類風水學書籍的蒐集整理，及學者們的不斷探究，風水理論已算相當完備。

04

《周易》與風水

何謂風水？

風水，古代又稱地理和堪輿，通俗一點來講，其實是指一種術數和技巧，指導人們如何確定陰宅和陽宅的位置、朝向、布局、營建等一系列的主張與方法，進而獲得好運的一門理論。歷史上最先為風水下定義的是晉代的郭璞，他在《葬書》中云：「葬者，乘生氣也。氣乘風則散，界水則止。古人聚之使不散，行之使有止，故謂之風水。」

很多學生問我：風水起源於《易經》嗎？

答案是否定的。兩者關係可分析如下：

1 建築風水中，青龍、白虎、朱雀、玄武四神的概念，遠早於《易經》產生的年代。

2 早期的風水概念，如晉代郭璞在《葬書》中所言，主要是講氣、風與水的關係，並未出現關於《易經》的思想。

3 居住建築與先民生活密切相關，理應先發展出來；《易經》是文明高度發展的產物，理應較晚才發展出來。可說，建築風水學由來源遠流長，是與中華民族五千年文明史甚至更早就相關聯的。

風水與《易經》的關係

《易經》出現以後，人們利用《易經》的思想對建築風水進行思考，進而促進了風水的多樣化發展，但也產生了許多如吉凶、禍福、壽夭等一些非理性或迷信的觀念。

風水學與《易經》有密切的關係。《易經》取材於長期對大自然的仰觀俯察，「遠取諸物，近取諸身」，而且包羅萬象，「至大無外，至小無內」，在《易經》中可找到對應各類事物的法則。

風水理論一樣以自然事物為基礎。八卦中的天、地、雷、風、水、火、山、澤，正是風水學所應用的要素。許多風水法則基本上就是從《易經》發展而來，如時空、位象、數量等辯證方法。

05 輕鬆掌握羅盤

羅盤的發明史

就某種程度來講，羅盤的發明是從指南針延伸演變而來，其原理大致相同。指南針是中國古代四大發明之一，對世界文明有重大的貢獻。中國早在戰國時期就懂得利用地磁測定方向。將指南針與方位盤裝配在一起，就成了最原始的羅盤。關於羅盤，最早見於南宋曾三異的《因話錄》，書中所說的「地螺」就是羅盤。方位盤的分度法，起源於漢代的地盤、八干、四維、十二支，以二十四向為基本方位。唯一不同的是，漢地盤為方形，而羅盤的盤體則為圓形。羅盤的發明，是在傳統辨方正位法上的一次變革。

羅盤的構造

羅盤又叫羅經，是風水師看風水的主要工具。羅盤主要由三大部分組成：

一、天池：也叫海底，也就是指南針，由頂針、磁針、海底線、圓柱形外盒、玻璃蓋組成，固定在內盤中央。中央有一個尖頭的頂針，磁針底面中央有一凹孔，磁針置放在頂針上。指南針有箭頭的那端所指的方位是南，另一端指向北方。

天池底面上繪有一條紅線，稱為海底線，在北端兩側有兩個紅點，使用時磁針的指北端要與海底線重合。現代羅盤的海底繪有十字線，線頂部分別印有東南西北，使用時應使磁針的指北端指向海底十字線的北端，並使磁針與海底的南北線重合。

二、內盤：就是緊鄰指南針外側而可轉動的圓盤。內盤面上有許多同心的圓圈，一個圈就叫一層，各層等分為不同數量的格子，有的層格子多，有的層格子少，最少的只分成八格，最多的一層有三百八十四格，每個格子上印有不同的文字。

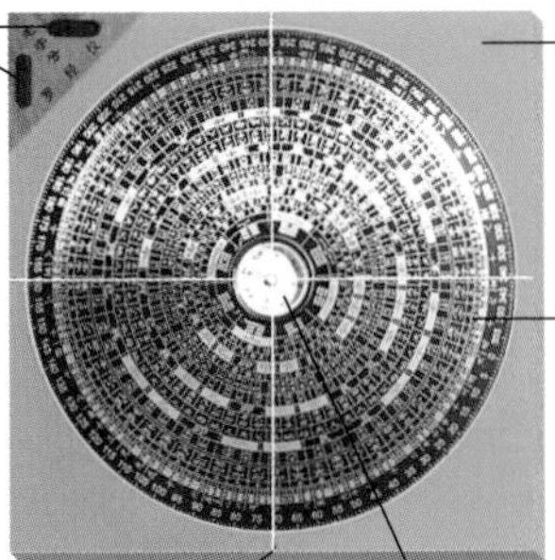

羅盤有很多種類，有的層數多，有的層數少，有多達五十二層者，最少的則只有五層。內盤各層的內容五花八門，是羅盤的主要構成部分，各派風水術都將其主要內容列於羅盤上，使得羅盤成為中國術數的大百科全書。

三、外盤：外盤為正方形，是內盤的托盤，在四邊外側中央各有一小孔，穿入紅線成為天心十道，用於讀取內盤盤面上的內容。天心十道必須相互垂直，新羅盤使用前都要與外盤進行校準才能使用。

風水方位與羅盤

相宅的主要目標是探求吉氣和陰陽平衡，而方位的鑑定必須與人的八字和出生地配合，以陰陽五行的「生、剋、制、化」及卦爻之變來論得失吉凶，其中許多內容都反映在羅盤上。

羅盤是集陰陽、八卦、五行、河圖、洛書、天星、卦象之大成，論述十分繁雜，單就「五行」而言，雖然只是金、木、水、火、土五種要素的不同關係排列，但就有老五行（又名正五行）、雙山五行、小玄空五行、洪範五行、宿充五行等不同家數理論。八卦則又有先天八卦、後天八卦之說。

觀察山水的方位與考察其型態同樣重要。山水方位的重要性被概括成一句風水格言：「吉山自吉位，吉水向凶方。」「吉位」和「凶方」，只有用羅盤才能檢測出來。

羅盤在風水學中的應用

風水第一大系統是「形法」，從周圍的山水形勢和宅第的外形來論得失吉凶，不需用到「陰陽五行」的法則，比較容易明白。第二是「理法」，強調方向方位的鑑定，而且必須相合主人的八字，以陰陽五行的「生、剋、制、化」及《易經》八卦之「爻變」來判斷吉凶。

風水師尊稱羅盤為羅經，是因為羅盤內容包羅萬象，有經緯天地之義，甚至有不可思議的神力。羅盤既能相形氣、乘氣、立向、消砂、納水，又能測地氣，辨地之貴賤大小，還能推算時辰吉凶，是結合氣、理、形、數系統而製成的時空合一的風水器具。

羅盤的使用方法

羅盤的種類繁多，但無論是常用的三元盤、三合盤、三元三合兩用盤、易盤、玄空盤，或其他門派專有的特殊盤，都一定會有二十四山方位這一層，從北方開始，依次為壬子癸、丑艮寅、甲卯乙、辰巽巳、丙午丁、未坤申、庚酉辛、戌乾亥等，共二十四個方位。對照指南針上的方位度數，可得到如下結果：

羅盤的中央是一個圓形天池（即定向用的指南針），外面是活動轉盤，稱為內盤或圓盤。盤上有一

方位	卦位	二十四山	角度
正北	坎	壬	337.5-352.5
		子	352.5-7.5
		癸	7.5-22.5
東北	艮	丑	22.5-37.5
		艮	37.5-52.5
		寅	52.5-67.5
正東	震	甲	67.5-82.5
		卯	82.5-97.5
		乙	97.5-112.5
東南	巽	辰	112.5-127.5
		巽	127.5-142.5
		巳	142.5-157.5
正南	離	丙	157.5-172.5
		午	172.5-187.5
		丁	187.5-202.5
西南	坤	未	202.5-217.5
		坤	217.5-232.5
		申	232.5-247.5
正西	兌	庚	247.5-262.5
		酉	262.5-277.5
		辛	277.5-292.5
西北	乾	戌	292.5-307.5
		乾	307.5-322.5
		亥	322.5-337.5

圈圈的文字，每一圈通稱為一層，二十四山方位也在其中。最外圍是方形盤身，稱為外盤或方盤，以花梨木所做的最為耐用，也比一般木製盤重。

外盤有四個小孔，以兩根魚絲或膠線對穿成十字形，用來定坐向，稱為天心十道。

使用羅盤主要是靠天池的磁針。天池底色通常是白色，畫有一條紅色直線用來做南北定位，有兩個紅點的一端是子方（正北方），另一端則是午方（正南方）。磁針上有小孔的一端為北，另一端有的會做成箭頭狀為南。

使用羅盤時，要雙手左右端著外盤，雙腳略為分開，將羅盤放在胸腹之間的位置，保持水平狀態，不要左高右低或前高後低。然後以你的背靠為「坐」，面對為「向」，開始立向。

羅盤上的十字線（天心十道）應該與房屋的正前、正後、正左、正右等四正位重合，如果十字線立向不準，所測的坐向就會有偏差。

十字線確定後，以大拇指撥動內盤，此時天池會隨之轉動，而磁針應該不動。轉動內盤，直到磁針與天池內的紅線重疊為止。重點是磁針有小孔的北端，必須與紅線的北方重合，南北位置不要搞錯了。這時顯示坐向方的魚絲線（橫的那一條）與內盤各層相交，我們要找尋的資料，就顯示在這條魚絲線所穿越和涵蓋的區域上。

然而羅盤上有那麼多層，究竟哪一層才是用來顯示坐向的呢？就是二十四山方位那一層。十字線向方上的「山」表示向的方位，十字線坐方上的「山」表示坐的方位。

譬如，向山是子，坐山是午，便稱之為「坐午向子」。知道屋子的坐向後，將羅盤放在全屋的中心點，便可由坐向求出全屋的方位或宮位。

羅盤「三盤三針」的應用

羅盤有所謂「三盤三針」，即「地盤正針」、「天盤縫針」、「人盤中針」三種針法。三盤同為二十四格，俗稱「二十四山」，學者需要記住的是，每格之間的度數為十五度。

一、**地盤**：用於立向。在太極點上置指南針或羅盤，測出四面八方，陽宅太極點在宅中，陰宅太極點在墳頂中央。

二、**人盤**：用於消砂。看山峰、樓、樹、牆、堆砌物、塔、煙囪等。

三、**天盤**：用於納水。看水的來去或路的走向，如水、河、溏、池、井、廁所（濁水）、養魚（動水）、門窗（動水）、路或平地（虛或假水）等。

羅盤的奇針八法

羅盤不同於指南針，由於盤中搭配著八卦、陰陽、五行，其對氣場的感應比指南針更加靈敏。當羅盤天池內的磁針發生異常動作，人們便可藉此推斷該處氣場有何異變，這就是奇針八法。

一、**搪針**：指針擺動不定，不歸中線。斷為此處有怪石深潭或地下有古器物，不適合人們在此居住。

二、**兌針**：針頭上突，又稱浮針，說明此處有陰氣，但此為善陰，不是自家已故先人，就是福神護法。以白色金剛砂加持後灑在此處，即可消除。

三、**沉針**：針頭下沉。同樣證明有陰氣介入，此陰非惡陰，但為冤死或非正常死亡者，會使在此居住之人經常感到不適，如頭痛、四肢無力等。可用紅色金剛砂加持後撒在此處，即可消除。

四、**轉針**：指針轉而不止。說明有極強的陰氣在此處積聚，不建議在此居住。

五、投針：指針半浮半沉，或上浮但不達頂，下沉亦不達底。說明此地下可能先前有墳墓安藏，居住者須防官司口舌。

六、逆針：針歸中線不順，或針頭斜飛。此地出忤逆之人，並人財兩敗，無風水可言，不建議此處住家。

七、側針：針已靜止，但是不正，偏東或偏西，不歸中線。說明此地為神壇古剎，不可住家。

八、正針：無異樣且不偏不斜，此地為正常之地，可考慮安家至此。

奇針八法看似怪力亂神之說，但對勘察地理者而言實不可不明，故刊布於此，以為參考。

怎樣挑選羅盤的尺寸？

常見的羅盤有很多種規格，小的只有二寸八，最大可達一尺二。一般來說，針對居家風水這種規模的勘測，用七寸二的規格就好，如果要勘測大型的建築風水，可選用八寸六的規格。有些學者為攜帶方便，常會選擇三寸四的羅盤，只不過，小羅盤固然攜帶方便，可是層數少、字體小，所以看起來比較容易出差錯，且耗費腦力。

使用羅盤要注意哪些問題？

使用羅盤要注意以下幾點：

❶ 經過長時間閒置的羅盤，使用前要檢查指針是否轉動靈活。如果指針擺動死板、不靈活，就要查出原因，待恢復正常後方可使用。

❷ 羅盤在不使用的時候要水平放置。

❸ 使用羅盤時，切記不能靠近強力磁性物質，會影響指針的準確性。

06 風水學中的科學理論

風水學的核心思想

即天人合一、人與自然的和諧，以天地為觀察瞭解對象，以人為依歸，以人為服務目的，是實實在在的人本主義學問。

趨吉避邪是風水學形成和發展的基本動力。在漫長的歷史中，深受各種學問、思想的影響，主要是《易》（以《周易》為主體的哲學思想）、儒、道、釋、巫、占星。風水學的產生早於《周易》，但《易》的發展也促進了風水學的發展。

風水學對人的影響

擇風水，是人們生活中不可或缺的一項活動，不論活著的人或故去之人，都離不開風水的範疇，它甚至能夠影響你的壽數、財運、健康、事業、人際關係等。不管你在意、相信與否，它都在無形中對你產生影響。

大家知道，占卦有一個基本原則，那就是「心誠則靈」，「信則有，不信則無」。風水則不然，它不管你心誠與否、相信與否，都客觀存在著。

舉例來講，當你一住進房子，你就在房子的保護下生存。房子也有「生命」，其強弱與吉凶，取決於周圍環境、型態、坐向、通風、採光及其「出生時間」等諸多因素。生命力強壯，才能保護屋主，否則它自身難保，又怎能保護它的主人呢？另外，住宅的生命資訊與屋主的生命資訊一致為吉，反之則為凶。

而陰宅是已故之人的住宅，若處吉地則可福蔭、呵護子孫順利發達；若處凶地則剋刑子孫遭殃。這可說是「一脈相承」的因果關係。

自古有「地靈人傑」之說，地靈是因，人傑是果，人得地之靈秀而成為俊傑。天地自然與人的生命之間，存在著「天、地、人合一」的不易之道。

風水學是一門科學

古代先聖們認為：物質是能量（氣）的一種較為穩固的特化型態。現代物理學已經證明：物質和能量是可相互轉化的。宇宙最初只有能量，也就是氣，沒有物質。宇宙，包括太陽系，都由氣形成。至於生成宇宙的氣，現代科學認為源於黑洞，中國古科技理論則稱為無極、無為。

研究風水學的學者普遍認為，自然界的任何物質，都會產生明顯影響人體的超微粒子和磁場，這些能量會隨環境的改變而改變，也會隨著人體自身的生態資訊而改變。這些物質能量可使人健康、愉快、思維敏捷，也可使人變得遲鈍、精神恍惚，甚至多病短壽。因此，要想生活得更好，更健康幸福，就應該「瞭解自然、利用自然、改造自然、順應自然」。

比如住在河邊的人們，應該熟悉河水的流向、寬窄和深淺，水位的漲落，這就是瞭解自然；進一步懂得利用河水來灌溉、航運，就是利用自然；為預防洪水，因此要築堤、疏濬、修橋，這就是改造自然；順河岸而居，因勢利導，就是順應自然。

風水學中的「形法」，主要用來擇址選地；「理法」則用於確定室內外的方位格局；「日法」用於選擇吉日良辰以事興造；「符鎮法」則為補救不利的措施。按照應用對象，又可分為：一、陽宅風水，即針對活人居住活動之地的擇址布形；二、陰宅風水，即針對死者墳塚的擇址布置。

而由於陽宅環境的不同，又可區分為井邑之宅、曠野之宅、山谷之宅等，對風水學的應用各有側重。曠野之宅和山谷之宅，與自然環境關係密切，故多注重形法；至於井邑之宅則形法、理法並重。

風水學中的形勢派，注重覓龍、察砂、觀水、點穴、取向，長於辨方正位；理氣派則注重陰陽、五行、干支、八卦、九宮的生剋理論，並建立了一套嚴密的現場操作工具（羅盤），以確定方位。

無論是形勢派或理氣派，無論實地操作方法如何，都必須遵循：天地人合一原則、陰陽平衡原則、五行相生相剋原則。

前人的風水理論雖有誇大、神祕的地方，但整體來說具有樸素的科學性，是人們長期生活經驗的總結。

總而言之，風水學是集天文地理於一身的綜合性學科。以自然事物為基礎，陰陽五行為法則，是一門涵括了自然環境學、地質物理學、天文學、生態學、景觀學、美學、生物學、地理物理學、建築學、倫理學的科學。

風水學勘測的十大原則

（一）整體系統

風水學是一門素樸且對人類有相當貢獻的完整科學。風水理論將大自然環境視為一整體有機的系統，涵括天地萬物，而以人為中心。環境中的每個子系統都是相互聯繫、制約、依存、對立、轉化的要素。風水學的功能，就是宏觀地掌握協調各子系統之間的關係，尋求最佳組合。

（二）因地制宜

因地制宜，即根據環境的客觀性，採取適宜於自然的生活方式。

中國地域遼闊，氣候差異很大，土質不一樣，建築形式亦不同。西北乾旱少雨，人們就住在窯洞裡。窯洞多背北而朝南，施工簡易，節省材料，既可禦寒，又能防火，冬暖夏涼。西南地區潮濕多雨，蟲獸很多，人們就住在欄干式竹樓裡。竹樓空氣流通，既涼爽又防潮，多修建在依山傍水之處。此外，北方遊牧民族住的是蒙古包，便於逐水草而居。雲貴山區的人則多以山石砌房，這些建築形式都是根據實際情況而因地制宜的。

湖北武當山是道教名山，明成祖當年派三十萬人上山修廟，命令不許劈山改建，只許隨地勢高下砌造牆垣和寶殿，也是因地制宜的典範。

因地制宜是種務實作法，使人與建築適於自然，回歸自然，這正是風水學天人合一的真諦所在。

（三）依山傍水

講風水當然要依山傍水，這是風水學的最基本原則之一。山是大地的骨架，水是萬物的生機，沒有水，人就不能生存。依山的形勢有兩類，一類是「土包屋」，即三面群山環繞。處於山坳之間而地勢寬闊，南面敞開，房屋隱於萬樹叢中。另一種形式是「屋包山」，從山腳到山腰，成片的房屋包覆了山坡。長江中、上游的碼頭小鎮都是這樣。

（四）觀形察勢

《考工記》中記載：「天下之勢，兩山之間必有川矣。大川之上必有途矣。」所謂風水龍脈，就是指綿延的山脈。中國的龍脈源於西北的崑崙山，向東南延伸出三條龍脈：北龍從陰山、賀蘭山入山西，起於太原，渡海而止；中龍由岷山入關中，至泰山入海；南龍由雲貴、湖南至福建、浙江入海。每條大龍脈都有幹龍、支龍、真龍、假龍、飛龍、潛龍、閃龍，勘測風水首先要清楚其來龍去脈，順應龍脈的走向。

（五）地質檢驗

好風水十分講究，甚至是挑剔地質。地質對人的體質有決定性的影響，現代科學證明這不是危言聳聽。地質對人體的影響略有以下四個方面：

1. 潮濕地質，易導致關節炎、風濕性心臟病、皮膚病等。潮濕腐敗之地是培養細菌的溫床，是產生各種疾病的根源，因此不宜建宅。
2. 土壤中含有鐵、鋅、鉬、硒、氟等幾十種微量元素，在相互作用下放射到空氣中，對人體的體形、體質、生育都有直接影響。
3. 有害波的影響。如果在住宅地面兩公尺以下有地下河流，或有雙層交叉的河流，或有坑洞，或有複雜的地質結構，或長期在醫院的X光放射科工作的人，都可能受到長振波或輻射污染、粒子流的影響，導致頭痛、眩暈、內分泌失調等症狀。

4 地球磁場的影響。地球是一個被磁場包圍的星球，人們感覺不到磁場的存在，但它時刻對人發生著作用。強烈的磁場可治病，也可傷人，甚至引起頭暈、嗜睡或神經衰弱。

（六）水質分析

風水學理論主張考察水的來龍去脈。所謂土質決定水質，可見兩者是相關聯的。

從水的顏色亦可判斷水的品質：水白而甘，水黃而糗，水黑而苦。《博山篇》曰：「尋龍認氣，認氣嘗水。其色碧，其味甘，其氣香，主上貴。其色白，其味清，其氣溫，主中貴。其色淡，其味辛，其氣烈，主下貴……」《堪輿漫興》曰：「清漣甘美味非常，此謂嘉泉龍脈長。春不盈兮秋不涸，於此最好覓佳藏。」「有如熱湯又沸騰，混濁赤紅皆不吉。」

即便不論風水，好水對人的身體健康也有莫大幫助。

雲南省騰沖縣有一處「扯雀泉」，泉水清澈見底，但任何生物一到泉邊就會死掉。經科學家調查發現，泉中含有大量的氰化酸、氯化氫，都是致命的巨毒物質。相反的，有益健康的泉水也所在多有。福建省發現礦泉水點近一千六百處，居全中國之最，其中可供醫療、飲用的礦泉水近九百處。

（七）坐北朝南

以我們所居住的北半球來說，大部分陸地位於北廻歸線（北緯二十三至二十六度）以北，一年四季的陽光都由南方射入，因此朝南的房屋便於採光。陽光對人的好處很多：一是可取暖，冬季時，朝南的房子比朝北的房子，溫度高一至二度；二是有益人體維生素D的合成，小兒常曬太陽可預防佝僂病；三是陽光中的紫外線具有殺菌作用，尤其是針對經呼吸道傳播的病菌；四是可增強人體免疫功能。

在北半球，尤其是二十世紀之前的大陸城鄉建築，大多根據坐北朝南這個大原則，不僅是為採光，還為避風。當然，現代住宅採用了許多先進的採光、通風、冷暖空調和供電技術，因此減少了對這個原則的依賴性。

至於住在南半球的人，其住房應該坐南向北為好。

（八）適中居中

適中，就是中庸，無太過與不及，恰到好處。《管氏地理指蒙》說：「欲其高而不危，欲其低而不沒，欲其顯而不彰揚暴露，欲其靜而不幽囚啞噎，欲其奇而不怪，欲其巧而不劣。」符合先秦儒家所提倡的中庸之道，就是最佳方位。

「室大則多陰，台高則多陽，多陰則蹶，多陽則痿，此陰陽不適之患也。」偏陰、偏陽皆有違天地之道，陰陽平衡就是適中。

山脈、水流、朝向要協調，房屋的大小也要協調，房大人少、房小人多、房小門大、房大門小，皆為不吉之象。

（九）順乘生氣

氣是萬物的本源。太極即氣，一氣積而生兩儀，一生三而五具，萬物莫不得於氣。

由於季節的轉換、太陽出沒的變化，生氣與方位也相應發生變化。不同的月分，生氣和死氣的方向也不同。生氣為吉，死氣為凶。人應取其旺相，消納控制。

《黃帝宅經》記載，正月的生氣在子癸方，二月在丑艮方，三月在寅甲方，四月在卯乙方，五月在辰巽方，六月在巳丙方，七月在午丁方，八月在未坤方，九月在申庚方，十月在酉辛方，十一月在戌乾方，十二月在亥壬方。這些生氣方位觀念具體地體現在羅盤上，理氣派特別重視這個部分。

（十）改造風水

我們認識世界的目的，一部分在於改造世界使自己生活得更美好。懂得如何適當地改造環境，便能創造出更優質的生存條件。

自古以來，有許多成功改造風水的實例，如四川的都江堰，就是著名的成功典範。北京城中，更處處是改造風水的名勝，如故宮的護城河，為人工挖掘的屏障，並用其挖出的河土堆砌成景山，威鎮玄武（即紫禁城北方之位），便是一例。

07
風水學專用術語名詞解釋

何謂風水術中的「陰陽」？

陰陽理論是風水學的基礎與關鍵所在，陰陽和諧與否，是風水堪輿最關注的問題之一。陰陽和諧，風水就好；反之則問題重重。陰陽協調，可給人帶來美感，產生好的作用；如果陰陽不協調，就會給人厭惡感，造成不良的影響。自然界的一切事物無不如此。

如何判斷陰陽是否和諧呢？可就「明暗、動靜、剛柔、開合、曲直、主客、前後、左右」幾個方面來分析。只有透過眼睛去「看」去「相」，才能瞭解陰陽是否平衡、協調，這也就是所謂的「相其陰陽之和」。

（一）明與暗的和諧

最簡單的陰陽概念就是明與暗，陽為明，陰為暗。明與暗的和諧，是陰陽和諧的一部分。陰陽和則化生萬物，陰陽不和則災咎百出。

居家風水所講的明暗，是對住宅採光狀況而言。住宅採光不宜過明或過暗，內外經由過渡帶而形成協調。住宅內外的光線對比不能太過強烈，反差太大謂之明暗失調。

住宅如果太明，烈日照射時間過長、面積過大，容易傷神。傷神則易使人情緒不安，難以適應環境變化，財運、事業俱不佳，或易患心腦血管、肝臟等方面的疾病。

住宅如果太暗，長年處在無日照、陰暗之處，容易傷魄。傷魄易使人四肢無力，情緒低落，遭人輕視，或易出陰私暗昧之事、怪異之事，事業不順，或易患腎、支氣管、肺、風濕等方面的毛病。

（二）動與靜的和諧

風水理論認為：山本來是靜的，但靜中最好有動的生機；水本來是動的，而動中最好有靜的節制。這是《易經》思想「陰中有陽，陽中有陰，動中有靜，靜中有動」的具體運用。

一個好的居住環境，必須有山有水，有動有靜。靜中含動有生機，動中含靜有常態。要避免動而無節制，導致禍害；靜而無氣，變成死水。

生活在城市中，我們可把道路視為水，將建築物視為山。道路是動的，但最好車輛不要太多，流速不要太快，不要有噪音；房屋建築是靜的，但姿勢要有活力，要有生氣，要有動感。此即動靜和諧，動中求靜，靜中求動的至理！

（三）剛與柔的和諧

「太剛則折，故須濟之以柔；太柔則弱，故須濟之以剛；剛柔相濟，中道得矣。」如何是剛？山勢陡峭、水勢湍急、酷日無遮、八風交襲皆為剛。如何是柔？山勢逶迤、水勢平緩、陽光溫暖、清風徐徐皆為柔。

對於住家環境而言，太「剛」則易出武夫、莽漢、凶悍之徒，易有血光爭鬥或與人不和；太柔則易出無能、怕妻之輩、小人，或易受人壓制，難以出人頭地。

（四）開與合的和諧

相地擇居時，好風水講究前開後合，左右護衛。意即：住宅前面的明堂要開闊，地勢相對低一些；後面要有依靠，地勢相對較高，布局緊實合攏一點。前面開闊，才能充分享受陽光空氣，又能使視線充分延伸。

好的居家環境，其周圍的布局及門窗都應開合得宜，太開、太散、太合、太閉都會產生問題。應該採光良好，而不至於過度曝曬；通風良好，但不可遺漏無餘。住宅的後圍如果左右太開、太敞、太散，居住者就容易漏財、散財，事業上心有餘而力不足，或易遭小人陷害。而前面如果左右太合、太閉、太塞，居住者便容易時運不暢，格局打不開，女人易患婦科疾病等。

（五）曲與直的和諧

通常我們說「南北為經，東西為緯」，經緯線就是直線；在看城市格局時有所謂「中軸線」，那也是一條直線。北京故宮就是以中軸線為中心，按直線的規律向兩邊布局的。

直線帶給人方正、嚴謹、秩序的感覺，如無曲線來調和，就會顯得呆滯、僵硬、消沉。古代風水學家早已發現，能藏風聚氣的風水寶地，往往是在山環水抱之處。山環水抱就是種圓形、曲線的型態，必須配以方正、直線才能和諧。

也可說，曲線給人動態美、陰柔美的感受，直線則給人莊重美、陽剛美的感受，兩者結合起來就能成為優美和諧的風景。

（六）主與客的和諧

勘查風水時，一定要審辨清楚主、客關係，任何場景都有主位、客位之別，不論場景的大小。

主位，即是中心。任何事物都有其中心，如北京為大陸之中心、主位，其他省分則為客位；每個省又以其省會為中心、主位，其他縣市地區則為客位；每個市以其政府所在地為主位，其他地區為客位。

在風水術中，講究以自我為中心，自己所居住的地方就是主位，而以其他環繞主位的場景為客位。這種主、客關係，具體表現了中國的主、從文化。

風水講究主位、客位的和諧。客位不能震懾主位，應該對主位相向有情。一個居所其左、右、前、後的客位環境，如果對主位呈拱揖、相向、朝拜、環護之狀，就是所謂的「主客有情」；而如果對主位呈壓、沖、逼、反、背等兆，則為「主客不和」。主客有情，家道興隆；主客不和，定見災殃。

因此，要選擇一個好的居住環境，其主位一定要受到客位的眷戀、護衛、朝拜，萬萬不可受到客位的摧殘和傷害。

（七）前後、左右的和諧

《陽宅撮要》有云：「凡陽宅，須地基方正，間架整齊，入眼好看為吉。」就是要求住宅本身及周圍的山、水、地勢、建築的平衡對稱。

一個好風水，必須左青龍、右白虎護衛有情，形成左右對稱；前朱雀、後玄武呼應得當，形成前後對稱。住宅前面要低、要虛、要開闊，後面要高、要實、要合重，前後左右的對稱便形成和諧的美。

（八）對稱與破缺的關係

世上一切事物都有與其相對者，如：天對地、日對月、水對火、男對女、老對少、左對右、上對下、春對秋、夏對冬等。在風水格局中，雖然要求左青龍、右白虎、前朱雀、後玄武的對稱性，但同時又講究用一條活水，從西北方向的天門流向東南方向的地戶，來打破這種平衡和對稱的格局，引入外部的活力與生氣，為完美的格局注入活潑動力。因此，適當的「破」，可讓人興旺發達；但若「破」得不當，也可能使人災禍叢生，豈可不慎！

何謂十天干、十二地支？

十天干包括：甲、乙、丙、丁、戊、己、庚、辛、壬、癸。

十二地支包括：子、丑、寅、卯、辰、巳、午、未、申、酉、戌、亥。

十天干的屬性

甲木之屬性為純陽之木，名為大林木，有參天之勢，性堅質硬，棟樑之材，故為陽木。

乙木之屬性為純陰之木，名為花草之木，有裝扮人間之美，性柔質軟，故為陰木。

丙火之屬性為純陽之火，名為太陽大火，有普照萬物之功，性情剛烈，故為陽火。

丁火之屬性為純陰之火，名為燈燭之火，有照亮萬戶之功，性柔質弱，故為陰火。

戊土之屬性為純陽之土，名為城牆土，為萬物之司命，其性高，質硬，而向陽，故為陽土。

己土之屬性為純陰之土，名為田園之土，有生育萬物之功，培木融水之能，其性濕質軟，低窪向陰，故為陰土。

庚金之屬性為純陽之金，名為劍戴之金，有剛健肅殺之力，其性剛質硬，故為陽金。

辛金之屬性為純陰之金，名為飾金，有增豔人間之美，其性軟潔靜，故為陰金。

壬水之屬性為純陽之水，名為江河海洋大水。隨地球運轉周流不息，故為陽水。

癸水之屬性為純陰之水，名為雨露坑澗之水，氣化而得，其性靜弱，孳生萬物，故為陰水。其水有形，無體，隨變而變，一生飄流。

十二地支所對應的時間與方位

十二地支可對應十二個方位、十二個月及十二時辰。

地支	月分	時間	方位
寅	正月	三點至五點	東東北
卯	二月	五點至七點	東
辰	三月	七點至九點	東東南
巳	四月	九點至十一點	東南南
午	五月	十一點至十三點	南
未	六月	十三點至十五點	西南南
申	七月	十五點至十七點	西西南
酉	八月	十七點至十九點	西
戌	九月	十九點至二十一點	西西北
亥	十月	二十一點至二十三點	西北北
子	十一月	二十一點至一點	北
丑	十二月	一點至三點	東北北

何謂五行及五行生剋？

五行乃金、木、水、火、土。「行」即意味著運動、作用。朝夕、晝夜，乃至春、夏、秋、冬的變化，都在五行之中。

（一）五行之間的關係

1. **相生**：木生火、火生土、土生金、金生水、水生木。
2. **相剋**：木剋土、土剋水、水剋火、火剋金、金剋木。
3. **五行的生剋關係是事物存在的基礎**：沒有五行的生剋關係，便不會有發展、變化。

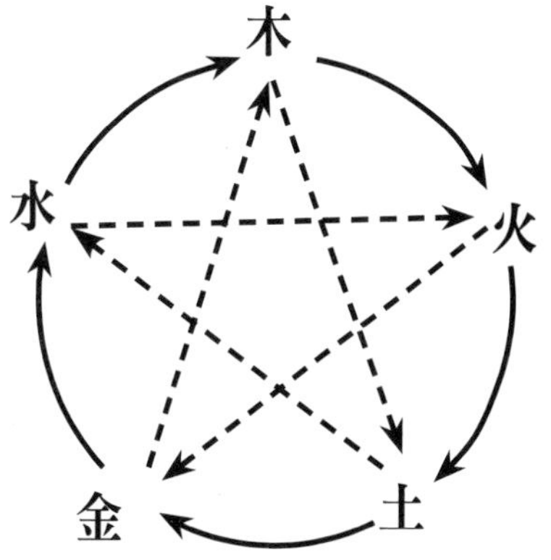

（二）五行的類屬表

五行反映在家居風水中，即要求無論外部地勢或內部格局，乃至裝修材料、顏色方面，在五行關係上要搭配得當，最好是相生而不能相剋、相侮，失去平衡。

五行	木	火	土	金	水
卦象	震巽	離	坤艮	兌乾	坎
天干	甲乙	丙丁	戊己	庚辛	壬癸
地支	寅卯	巳午	辰戌	申酉	子亥
五味	酸	苦	甘	辛	鹹
五常	仁	禮	信	義	智
五臟	肝	心	脾	肺	腎
五事	貌	視	思	言	聽
五時	春	夏	長夏	秋	冬
五方	東	南	中央	西	北
五色	青	紅	黃	白	黑
五形	直	尖	方	圓	曲
五性	敷	燥	溽	斂	潤
五音	角	徵	宮	商	羽
五腑	膽	小腸	胃	大腸	膀胱
五情	喜	樂	欲	怒	哀
五指	食指	中指	大拇指	無名指	小指
五感	目	耳	鼻	口	皮

五覺	視覺	聽覺	嗅覺	味覺	觸覺
五獸	青龍	朱雀	黃麟	白虎	玄武
五畜	犬	羊	牛	雞	豬
五果	李	杏	棗	桃	栗
五穀	麻	麥	稻	黍	豆
五菜	韭	薤	葵	蔥	藿
五惡	風	熱	濕	燥	寒
五節	春節	上巳	端午	七夕	重陽
五星	歲星（木星）	熒惑（火星）	填星（土星）	太白（金星）	辰星（水星）
五日	正月初一	三月初三	五月初五	七月初七	九月初九

（三）天干、地支合稱「干支」

❶天干地支的陰陽畫分：按順序，奇位為陽，偶位為陰。如甲為陽木，乙則為陰木；丙為陽火，丁則為陰火；子為陽水，亥則為陰水；寅為陽木，卯則為陰木。

❷干支相配，其最小公倍數為六十，亦即可得出六十個組合。從天干「甲」與地支「子」組合為「甲子」開始，一直到「癸亥」，共有六十組干支，一輪結束後，又從甲子至癸亥開始新的一輪，以至無窮無盡。

古人以一組干支來代表一年，共可計六十年，故我們常以「一甲子」代指六十年，所謂「花甲之年」就是指六十歲。

（四）相生與相剋

五行理論可從相生相剋（或曰相勝）個方面來探討。雖然陰陽五行的理論十分繁複，但生活中應用最為廣泛的仍是「生、剋」及「三合」之理。

❶ **相生：**木生火、火生土、土生金、金生水、水生木。也就是木、火、土、金、水五氣依次生出對方，是相順的關係。由水氣生成木氣，木氣再生出火氣，就這樣無限地循環往復。

木生火。古人為得到火，最簡單的方法是摩擦木頭以產生火，這是自然之理，故曰木生火。

火生土。物質燃燒後剩下灰燼，灰即為土氣，故曰火生土。

土生金。礦物、貴金屬多埋藏於土中，必須掘出礦石才能提煉金屬。因此是從土中生出金屬，故曰土生金。

金生水。當空氣濕度大時，金屬表面容易產生水滴，這便是金生水的道理。另外，金如果被火熔解便會形成液體狀態，此液體便被視為水的一種，故金生水。

水生木。一切草木均由水生，失去水，草木將枯萎死亡，故曰水生木。

❷ **相剋：**木、火、土、金、水五氣存在彼此剋制的關係，即木剋土、土剋水、水剋火、火剋金、金剋木。可說，這是種相減的關係。被金氣所剋的木氣，在另一方面則可剋制土氣，如此循環往復。

木剋土。草木扎根於土地裡，大樹自不消說，即使是小小的灌木、柔軟的野草蔬菜，它們的根部也能深入土壤中，從這點來說是木勝土，亦即木剋土。

土剋水。土乃擋水之物。水是不停地流動、滿溢、漲落的，如果沒有土的話，就止不住滿溢的水。當發生洪水時，無論過去還是現在，都是用砂土來攔水。與應急措施的土堆相比，更為長久的防水對策則是構築堤壩。土、堤壩，都是以土力抑制水力之物。所謂土剋水，就是這麼回事。

水剋火。水能滅火，此乃不言自明之理。滅火最好的辦法是用水。水勝火，防火最需要的就是水。

火剋金。金屬是五行之中最堅硬牢固的東西，但若遇到高溫的火燄照樣會被熔化，從這一點來說，火勝過金屬，因此火剋金。

金剋木。茂密的喬木，若是遇到斧頭的砍削便會斷掉、死去。鋸子、斧頭，一切帶刃的東西，都是損傷樹木之物。故曰金剋木。

所謂相生，就是按照木、火、土、金、水的順序，依次生成下一個元素。相剋，則是按照木、土、水、火、金的順序，依次剋制下一個元素。

宇宙森羅萬象，如果只強調加法一直發展下去的話，必將導致悲慘的結果，因此，減法也有其存在的必要。木、火、土、金、水是象徵生成萬物的基本元素，理所當然具備生、剋這兩種關係，換句話說，相剋之中有相生，相生之中有相剋。而由於同時存在著相生與相剋，宇宙才能得到穩定的循環。

木、火、土、金、水不僅僅是五種要素，而且象徵了諸如色彩、方位、季節、惑星、天神、人的精神、內臟、道德、十干、十二支等。換言之，萬物萬象皆能還原或相配於五氣。

五行生剋制化法

五行有所謂「生中剋」：金生水，水盛則金沉；水生木，木盛則水阻；木生火，火盛則木燼；土生金，金盛則土衰；火生土，土盛則火蔽。

有所謂「剋中生」：木剋土，土厚喜剋，是為秀聳山林；土剋水，水盛喜剋，是為撙節堤防；水剋火，火盛喜剋，是為既濟成功；火剋金，金盛喜剋，是為鍛鍊成器；金剋木，木盛喜剋，是為斲削成材。

在天則火為日，水為雨，木為風，土為雲，金為雷；在地則火為火，水為河，木為林，土為山，金為石；在人則火為心，水為腎，木為肝，金為肺，土為脾；又火為血，水為骨，木為筋，土為肉，金為皮。

《奇門法竅》云：「人第知火能剋金，不知金遇旺合，則金中有水，火遇剋金而反受其剋，此生中剋，剋中生，變化無窮，不可不審也。如土生金，土遇旺合，則生之不竭，如土相時，未離父母之胎，則土中尚存火氣，不特不能生金，金且受其制。如金生水，金逢旺合，則生水無疑，如金相時，金中尚存土氣，不但不能生水，反受其制，木火水皆然，此中祕訣不可不知。」

何謂「青龍」、「白虎」、「朱雀」、「玄武」？

青龍、白虎、朱雀、玄武係指中國風水傳說中的四神獸，又稱為「四靈」，所謂「青龍白虎掌四方，朱雀玄武順陰陽」。青龍為東方之神，白虎為西方之神，朱雀為南方之神，玄武為北方之神，龜蛇合體。故《三輔黃圖》曰：「蒼龍、白虎、朱雀、玄武，天之四靈，以正四方。」蒼龍即青龍。

何謂「龍虎」地形？

龍虎，即指青龍和白虎，指穴場左右兩側形勢。風水學家認為龍虎二山是穴場護衛，當相互抱持纏繞，趨揖朝供於明堂。

以風水家看來，龍虎二山貴纏繞相應，抱持降伏。

何謂「十富」的地形？

「十富」，為九歌十訣之一。風水家以此歌訣來形容龍、穴，砂、水的十種上佳地形，認為不僅有利葬事，且其地可富。歌曰：「一富明堂高大；二富賓主相迎；三富降龍伏虎；四富木雀懸鐘；五富五山聳秀；六富四水歸朝；七富山山轉腳；八富嶺嶺圓豐；九富龍高抱虎；十富水口緊閉。」

第一、明堂高大寬闊，如王者坐殿，有尊嚴氣象。第二、所謂賓主相迎，謂主客有情相顧，隨龍護山，承迎真龍主峰。第三、所謂降龍伏虎者，左青龍、右白虎馴伏護衛，不倨傲欺主。第四、所謂木雀懸鐘者，前山朱雀，宜如懸鐘，靈動渾圓，不可偏欹。第五、所謂五山聳秀者，謂自發脈至結穴星峰，

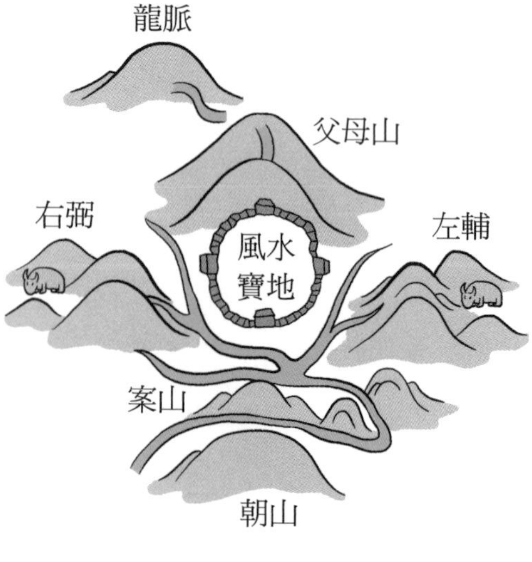

太祖、太宗、少祖、少宗、父母五山俱聳拔而秀麗。第六、所謂四水歸朝者，眾水會聚於明堂。第七、所謂山山轉腳者，乃回轉枝腳，纏護穴場。第八、所謂嶺嶺圓豐者，山嶺以圓潤豐滿為美，忌陡峭、斜瀉、突怒、峻險。第九、所謂龍高抱虎者，左青龍須高於右白虎。第十、所謂水口緊閉者，乃水口應有重重之關攔。

何謂「風水寶地」的格局？

風水學的五大要素「龍、穴、砂、水、向」，是構成風水寶地的重要因素，其本質也就是氣。尋龍、點穴、察砂、覓水、定向的目的，就在於尋找適合人體的吉氣，而避開煞氣。

一塊風水寶地不僅必須青龍、白虎、朱雀、玄武四靈齊備，並且要講究來龍、察砂、明堂、水口、立向。北面有綿延不絕的崇山峻嶺，南方有遠近呼應的低山小丘，左右兩側護山環抱，重重護衛，堂局分明，地勢寬敞，且有流水環抱，這樣就是一個理想的風水寶地了。

何謂「形勢」？

形勢，指龍脈與結穴之處的態勢與形狀。擇穴的主要目的，是葬時「乘以生氣」，而生氣無形，唯有考察環境形勢才能得知。儘管氣有升降聚散，變幻莫測，而龍脈亦行蹤飄忽，或東西委蛇或南北蜿蜒，但其始發之時，必有勢可尋，得勢則得其來去。

《葬書》云：「勢來形止，是謂全氣，全氣之地，當葬其止。」葬法應講究形與勢的配合，勢來須有形止，否則如過山無情，氣不聚於止。形好須有勢來，來脈不暢，穴為花假空穴。《葬書》云：「夫勢與形順者吉，勢與形逆者凶，勢吉形凶，百福希一；勢凶形吉，禍不旋日。」

什麼是風水學的「三綱五常」？

三綱五常，是風水家借用古代的倫理學名詞，來概括風水形勢的要素。三綱乃「氣脈、明堂、水口」，所謂「氣脈為富貴貧賤之綱，明堂為砂水美惡之綱，水口為生旺死絕之綱」。五常乃「龍、穴、砂、水、向」，所謂「龍要真，穴要平，砂要秀，水要抱，向要吉」。

何謂「十貧」地形？

作為風水初學者，必須對此要有一定的瞭解，方便以後實際考察之用。所謂十貧者，水口不鎖、城門破漏、水落空亡、水破直流、孤脈獨龍、水破天心、四水無情、潺潺水笑、四顧不應、背後仰風，是為龍、穴、砂、水的十種惡形。

何謂「十賤」地形？

1 **八風吹穴：**穴位的四面八方皆來風，正所謂，氣乘風而散就這個道理。

2 **青龍飛去：**指左方青龍位有缺，或起不了護穴的作用。

3 **朱雀消索：**朱雀無意朝拱翔舞。

4 **前後穿風：**前朱雀、後玄武皆不全，風可直接貫入其中，其中好壞，不言而喻。

5 **擺頭翹尾：**四面皆不順，更別說對穴位起到有情之用。

6 **水口分流：**水口在陰宅學來講是作用較大的環節，若環節出現分流，實則為空亡之地。

7 **左右皆空：**青龍、白虎不全，惡風來時起不了護穴之效。

8 **山飛水走：**對穴位無聚攏之效。

9 **有主無賓**：龍無隨從為孤龍也。

10 **山崩山裂**：四面崩頹，山搖地破。

以上十種格局不適合做穴位，葬之不吉。

何謂「十不葬」？

所謂「十不葬」，是指龍、穴、砂、水的十種忌諱之形，不可為葬地。

1 **粗頑塊石**：地多惡氣，葬此則對後代不利。

2 **急水灘頭**：惡水直沖穴場，葬於此，後代容易開刀或血光。

3 **溝源絕境**：水脈之終點，氣已死絕，不宜葬。

4 **孤獨山頭**：自顧不暇，無依無靠，葬於此，不利後代事業。

5 **神前廟後**：亡靈陰鬼豈能與神明相左右，多凶事發生，為大忌。

6 **左右休囚**：受制於中間，穴位忌諱兩邊逼迫之勢，忌葬此格局。

7 **山岡繚亂**：主次不分，有欺主之嫌。

8 **風水悲愁**：水鳴風哮，如鬼哭泣訴一般，葬於此後代多有慘事發生。

9 **坐下低小**：尤如坐井觀天，暗無天日，且高壓態勢。

10 **龍虎尖頭**：龍虎無情，既無呼應，也不相拱衛，若葬於此，則主家人離異。

何謂風水學中的「明堂」？

明堂，本為天子理政、百官朝拜之所，舉凡朝會、祭祀、慶典、選士諸大典，都在此舉行。風水中的明堂，指穴前群山環繞、眾水朝謁、生氣聚合之場。

我們常說「某某人沒有明堂」，意思就是這個人將來沒有出息，沒有希望，風水裡的明堂也是這個道理，只不過對象不是人，而是某個房屋、建築物或某個場所而已。明堂好，此地必然是吉祥之地。一幢房子若前面的明堂好，住在此屋的人必然事業順暢，家庭和睦，反之則不順。

面相學把人的眉心稱之為明堂，所以眉心寬廣開闊之人，必然運氣好，前途事業相對順暢。

明堂有內明堂、外明堂之別，又可分為小明堂、中明堂、大明堂。凡大富貴之地，必內、外明堂俱全。明堂以藏風聚氣為首要，也要相對平坦開闊。在現代住宅中，明堂主要指大門進去和客廳相交接的地方。所以，一般家庭裝潢時，必須特別注意這個地方，做的好則氣運和暢，反之漏財退運。

明堂的寬廣與狹窄，與龍勢有關。龍勢若是遠大，那麼堂宜寬廣；若是龍勢近前，則堂宜小巧，如此格局形勢才配合得起來。山谷之內，明堂宜寬，狹窄則真氣難以生發；但寬以不空曠無度為當，如果垣局關攔依稀渺茫，雖然有但也無多大效果。如在平疇千里之地，又以狹為佳，寬則生氣容易飄散；但狹以不逼迫窄陋為限，太窄則如坐井觀天，子嗣難為軒昂豁達之人。

明堂宜平坦方正，忌狹長斜瀉之形，又忌石山堆阜，多荊棘種植。

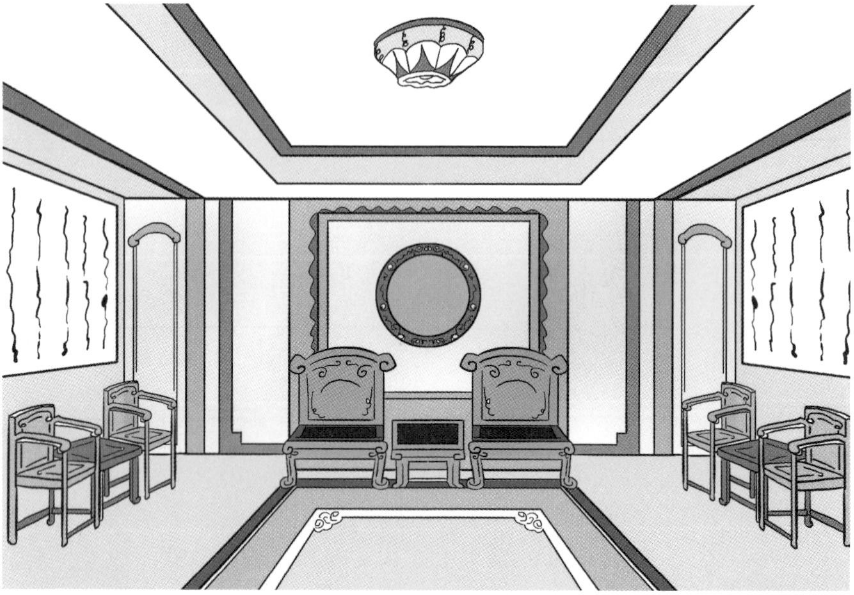

在穴位四周略低的地段，下雨時有水從上至下向左右兩邊分流，交合在穴位下部正中處即是小明堂。

中明堂，又名內明堂。指穴山前方左龍右虎環抱之內的平夷之地。

什麼是「小明堂」？

風水理論認為，凡真龍落穴之處，生氣止聚之所，就必然有小明堂。大至說來，龍脈結穴之地，旁有龍虎二砂，與中流一脈成「个」字之形，凡有窩、鉗、乳、突四種穴形時，在穴位四周略低的地段，下雨時有水從上至下向左右兩邊分流，交合在穴位下部正中處，此處即是小明堂。

什麼是「中明堂」？

明堂分為小明堂、中明堂、大明堂，其中最重要的是中明堂，又名內明堂。指穴山前方左龍右虎環抱之內的平夷之地，墓穴前面稍遠處，有青龍、白虎環抱，龍虎山兩支流水聚會所在。大家要牢記，穴位的成敗，主要決定於中明堂。

外明堂指案山內水流匯合之處。

水口是指水流的出入口或其近旁。同時也有地名叫「水口」。

什麼是「大明堂」？

又稱外明堂，是指案山內水流匯合之處。

什麼是「水口」？在風水學中有何重要意義？

水口是指水流的出入口或其近旁。同時也有地名叫「水口」。以風水學來講，水口包括水流入口和流出口，入口又叫做「天門」，出口又名「地戶」。近年來一些風水大家都漸漸愈來愈重視地戶。

水口範圍有大有小，並無拘限，視水流環繞情形而定。水流為龍的血脈，是生氣的外在型態，也代表財源的旺衰，因此水口之開閉，就代表一地風水對生氣財源的把握控制。

水口的形勢宜迂迴收束，關攔重重。天門欲其開，源遠流長而無窮盡，預示生氣旺盛，財源廣進而不絕；地戶欲其閉，有眾砂攔阻，屈曲如之字、玄字，緊密截留，以聚氣藏財。不能斜飛暴射，直竄湍急，否則氣散財亡。

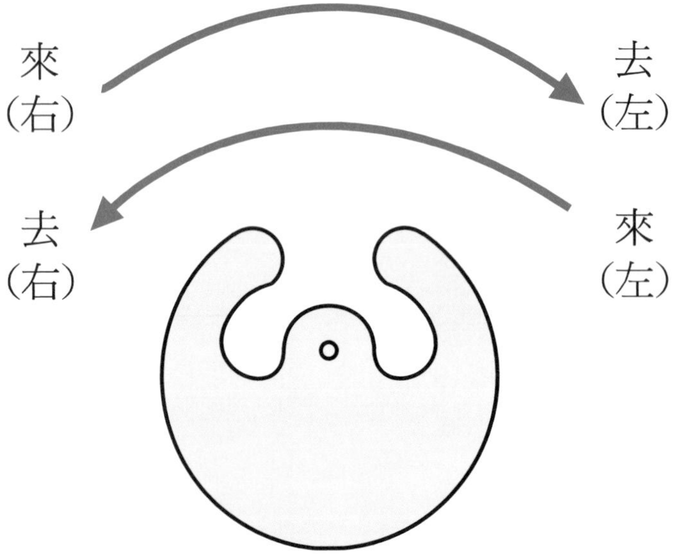

山有形局是巒頭，水有形局是水城。

水口砂就是水流出口處周圍和水口處的山。

什麼是「水城」？

水城是指穴山周圍水流環繞所構成的形勢。風水學者認為，生氣乘風則散，界水則止，水流能使龍脈止勢，生氣融聚。

什麼是「水口砂」？

水口砂又叫做水口山，凡水流去處兩岸的山均稱之為水口砂。水口無砂則水勢直奔而出，不獨陰宅不吉，為陽宅亦財氣流散。

什麼是「平支之穴」？

平支，就是平地之「支龍」；平支之穴，就是指生氣融聚於平地的龍穴。

風水理論認為，生氣乘風則散，但此平支之穴，生氣之方式乃自下而升，沒於地中，所以不怕風吹。我們學風水取穴，與常規有些不太一樣，須特別謹記，不以寬曠坦夷為嫌，只要有水環繞，能夠凝聚生氣使之不散就可了。此乃大方向之原則也。《葬經》說：「風水之法，得水為上，藏風次之。」雖然平支之地看起來無遮無蔽，但有橫水攔截，便不嫌其寬曠。

何謂「倒杖」及其作用？

倒杖是有關立穴放棺的準則，是以標竿確定立穴放棺之前、後、左、右、上、下、深、淺部位的方法。《葬經翼・倒杖總論》認為，倒杖之法應該「各因其入首星辰脈絡自然之勢，順適其情，不違其理」，確實探知生氣聚集之處，立穴放棺以乘其生氣，使其前後左右均合乎自然。

倒杖的方法有所謂順杖、逆杖。順杖者，凡龍勢緩慢，脈微屈曲，以順杖正對入脈，插中順來之勢以放棺。逆杖者，凡龍勢雄長，氣脈急硬，這種情況下就必須用逆杖來避其鋒芒。

另有十二杖法，曰：順杖、逆杖、縮杖、綴杖、穿杖、離杖、沒杖、對杖、開杖、截杖、頓杖、犯杖。前十杖為吉法，後二杖為凶法。

什麼是「怪穴」？

怪穴是指部位形狀不合常規的穴位。風水家認為，尋龍點穴之首要在於勢大形好，若是怪星異穴則多為凶煞之地，不宜葬於此。但《國寶經》說：「大抵怪形並異穴，真龍頭上方堪說。若是真龍真住時，何論端嚴與欹拙。」亦即不論穴形如何怪異，只要證佐分明，都可視為真龍結穴，並非全不可用。

什麼是「病穴」？

病穴者，雖然有真穴之型態，但無真穴之實質，諸多格局不符，多犯忌煞。繆希雍《葬經翼》云：「穴有真病，同乎廢人，雖具形骸，神氣傷於敗缺而中無所存，如是者，法不可葬，葬之則三害臻。」一般所謂病穴有：貫頂、折臂、破面、墜足、繃面、飽肚、淋頭、割腳、漏腮、虎蹲龍踞、玄武拒屍、玄武垂頭、朱雀騰去、朱雀悲泣、前花後假、左右跪落等。割腳就是水在穴前切流，餘氣被分割而消失。

什麼是「不蓄之穴」？

不蓄之穴是指有勢無形，無以聚氣之地。風水師們認為，龍脈自千里之外源起奔騰而來，當其勢止時，應形會局合，龍虎抱衛，前有遮攔之水，後有拱托之山，此即有蓄。就算是曠野平疇，最好也要多盤旋砂水，鉤夾回環。這樣一來，鍾靈聚氣，其形勢便如身懷萬寶，有所蓄積。

《葬經》「外氣橫形，內氣止生」就是這個意思。勢來形止，是生氣充盈之地，葬之則吉。而如果生氣行乎地中，無形止聚，無水關攔，則生氣散佚，是為不蓄。

什麼是「幹流水」？

乾流水是指在穴場龍虎之內，以肉眼隱約可看得出，所謂上分下合，繞護穴場之水。

何謂「穴」？

穴，原意是指古人所居的土室（土洞）。在風水學來講，就是指先人們死後居住的地方（墓穴）。

什麼是「四靈」？

四靈也稱四獸，源於古天文學之四象，指青龍、白虎、朱雀、玄武。在風水學中，即以左為青龍，右為白虎，前為朱雀，後為玄武。風水家認為，四靈本稟應四方之氣而生，如果能柔順俯伏，拱護穴地於中央，則為大吉，主子孫榮貴。

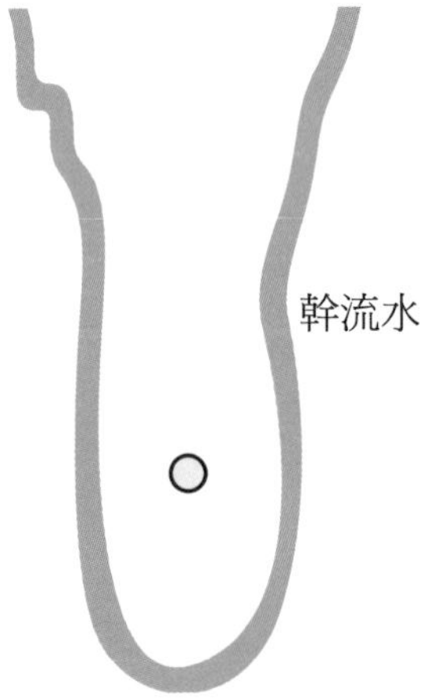

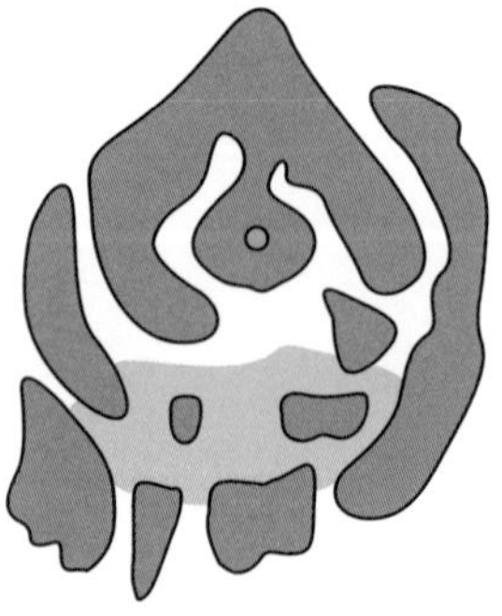

四靈也稱四獸，源於古天文學之四象，指青龍、白虎、朱雀、玄武。

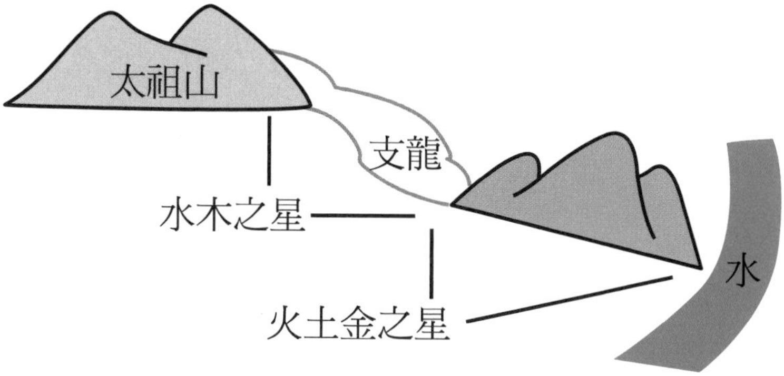

近支主龍，蜿蜒而下。

枝龍是幹龍（大龍脈）所分枝的小龍脈。

什麼是「小山巒」？

山之龍脈主體兩側的短小山巒，就稱之為小山巒。

何謂「枝龍」？

枝龍是幹龍（大龍脈）所分枝的小龍脈。據徐善繼《地理人子須知・龍法》記載，所謂枝龍就是小龍，猶如大樹的枝葉，樹身愈大者，其枝葉也愈繁茂。從水流夾送的方式來看，大枝龍以小溪小澗夾送，小枝龍則以田園溝渠夾送。

風水術者認為，龍穴以幹龍結穴為佳，故尋龍應以幹龍為主，枝龍雖有穴有形，不若幹龍為至精，因枝葉繁亂，所以多非正穴。若是能識得真龍而葬者，其後人必定多福又多壽也。

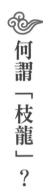

何謂中國的「三大幹龍」？

古代風水家以南海、長江、黃河、鴨綠江四水域為界，將中華山脈地勢畫分為三大部分，稱為三大幹龍，即北條幹龍、中條幹龍、南條幹龍。

徐善繼《地理人子須知・龍法》：「天下有三處大水：曰黃河、曰長江、曰鴨綠江。長江與南海夾南條盡於東南海，黃河與長江夾中條盡於東海，黃河與鴨綠江夾北條盡於遼海。」三幹龍均以崑崙為源。

何謂「幹龍」？

幹龍為地脈的主幹。風水家認為，枝幹之龍，其聚氣有深厚淺薄的區別，後人所得福澤亦因之有多少長短不同，故尋龍點穴的重點在於識別龍之枝幹。風水家分別枝幹之法，以水為主要標準。山脈氣易宣洩，界水則止。凡大龍、幹龍，必有大水相隨。

風水學中的「砂」是什麼東西？

砂，是指穴口四周的山。砂本為砂粒，風水師在研究和傳授風水術時，常以砂堆成龍穴形勢之圖，故將龍穴周圍的山稱為「砂」。

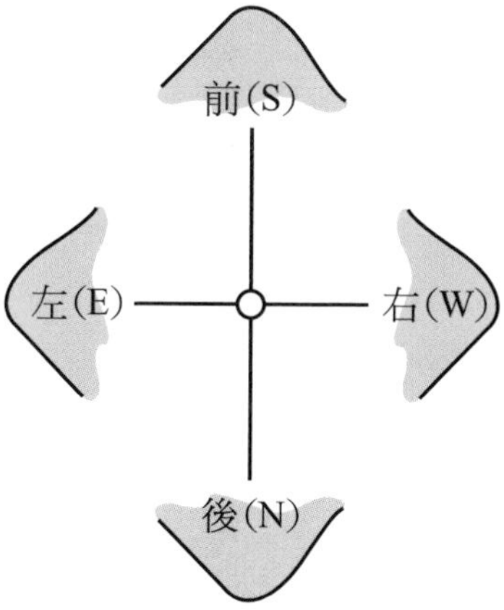

什麼是「河圖」？

河圖共由五十五個黑白點組成，代表「天地之數」五十五。其中白點為單數一、三、五、七、九代表陽與天，故稱為「天數」；黑點為雙數二、四、六、八、十，代表陰與地，故稱為「地數」。天數加起來為二十五，地數加起來為三十，天地之數相加共得五十五，因此稱「集天地之數五十五」。

術數家還將河圖中一到五的五個數稱為「生數」，六到十的五個數則稱為「成數」，兩者間有著相生相成的關係。河圖的東西南北中五個方位，都由一奇、一偶兩組數字搭配而成，代表世間萬物皆由陰陽化合而生成。所謂「天一生水，地六成之；地二生火，天七成之；天三生木，地八成之；地四生金，天九成之；天五生土，地十成之」。

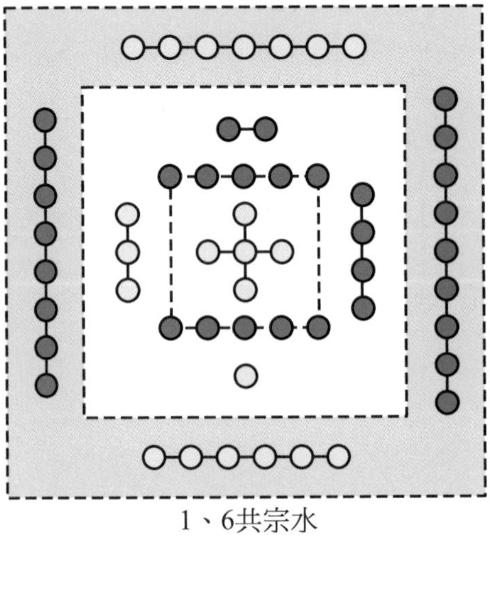

什麼是「洛書」？

河圖是先天宇宙圖，與先天八卦有關，洛書是後天宇宙圖，與後天八卦有關。先天為體，後天為用。洛書以一至九個數，其中奇數一、三、五、七、九為陽，象徵天道；偶數二、四、六、八為陰，象徵地道。其基本要點為：戴九履一，左三右七，二四為肩，六八為足，五居其腹。

一、三、七、九為「正四」，代表「二至二分」，即北—冬至，南—夏至，東—春分，西—秋分。

二、四、六、八為「四維」，代表「四立」，即東北—立春，西南—立秋，東南—立夏，西北—立冬。

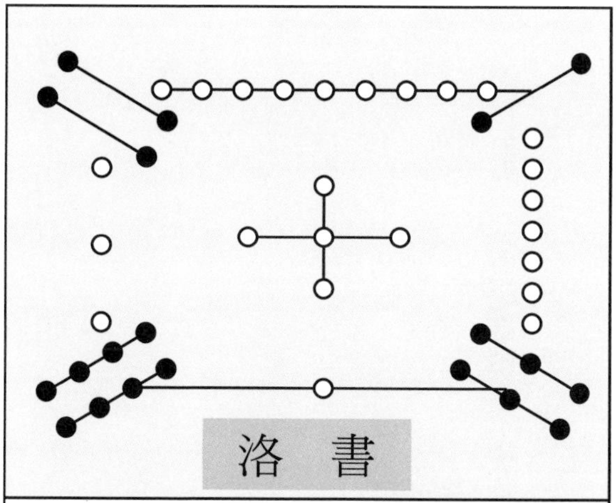

洛書古稱龜書，傳說神龜出沒於洛水，其甲殼上有此圖案，結構是載九履一；左三右七，二四為肩，六八為足，以五居中，五方白圈為陽數，四隅黑點為陰數。

風水學中的「氣論」講的是什麼？

環山抱水，是好風水的宏觀地理條件，同時還必須氣、光、山、水方位齊備，而陰陽風水學中最重要的決定性因素就是氣，要求氣場好，氣流通暢，藏風聚氣。萬事萬物的興衰，都是氣在起主導作用。

氣有氣運和氣勢之分。所謂「宇宙有大闔合，氣運為主；山川有真性情，氣勢為先。」這是風水學家論氣第一訣竅。

如何分辨雌雄？

雌雄者，陰陽之別名，陰陽中同樣也含雌雄之論。所以《青囊序．蔣注》云：「善言陰陽者，必言雌雄。觀雌則不必更觀其雄，而知必有雄以應之；觀雄則不必更觀其雌，而知必有雌以配之。」天地也是雌雄。宇宙是從「太極」產生出來的，而後有陰陽，再分為太陰，太陽，少陰，少陽等四象，四象分化而為八卦也。山川雌雄也是同一道理，地有至陰，天有至陽。天地雌雄相配，才有春生、夏發、秋收、冬藏秋落。

以先天八卦來論雌雄：其雄卦為乾、艮、坎、震；其雌卦為坤、離、兌、巽。

其雄雌相配則為：天地、雷風、山澤、水火。

何謂「四時五方」？

四時，即一年四季春、夏、秋、冬；五方，即東、西、南、北、中五個方位。古代儒家學者將五德配以四時五方：春季配東方，主仁；夏季配南方，主禮；秋季配西方，主義；冬季配北方，主智；四季中央之德主信。仁、義、禮、智、信五德，以仁為首。

四時與五行之「旺相休囚死」五種現象有密切的關係。旺的意思是旺盛；相是次旺，有輔佐的意思；休是休息、停止；囚則是衰落、被阻止之意；死就是剋制而無生氣的意思。

通俗來講，當令者旺、我生者相、生我者休、剋我者囚、我剋者死。也就是說，在一年四季裡頭，每個季節都有五行中的一行處於「旺」的狀態，一行處於「相」即次旺的狀態，一行處於「休」即「休息」狀態，一行處於「囚」即衰弱的狀態，一行處於「死」即被剋制的狀態。

四時與五行的關係具體如下：

春季是萬木復甦的季節，所以以木為當令者，木為「旺」，所屬干支為甲、乙、寅、卯、辰等。木生火，所以火在春季裡為「相」；水生木，所以水在春季屬「休」；金剋木，金在春季屬「囚」；木剋土，所以土在春季屬「死」。依此循環。

夏季是流火之季，以火為「旺」，所屬干支為丙、丁、巳、午、未等。火生土，所以土在夏季為

「相」；木生火，木在夏季屬「休」；水剋火，水在夏季裡屬「囚」；火剋金，金在夏季屬「死」。

秋季為金黃收穫之季，以金為「旺」，所屬干支為庚、辛、申、酉、戌等。金生水，所以水在秋季屬「相」；土生金，土在秋季屬「休」；火剋金，火在秋季屬「囚」；金剋木，木在秋季屬「死」。

冬季為寒冷凝水之季，以水為「旺」，所屬干支為壬、癸、亥、子、丑等。水生木，木在冬季屬「相」；金生水，金在冬季屬「休」；土剋水，土在冬季屬「囚」；水剋火，火在冬季屬「死」。

土旺於四季之行，在每一季的最後一月，亦即三月、六月、九月、十二月為旺。

08 風水學說的基礎理論

風水學說的物質基礎——氣（炁）

氣是中國古代的哲學概念。道教以「炁」代表先天氣，以「氣」代表後天氣。王充《論衡・自然》曰：「天地合氣，萬物自生，猶夫婦合氣，子自生矣。」氣又分為陰陽二氣。氣不僅在風水學中占有非常之地位，在中醫學、氣功學、道教等領域中，也都有非常廣泛的涉入。

構成萬物的元素

氣無處不在，但氣又無形無狀，有各種表現形式。氣是構成萬物不可或缺的元素之一，也是聯繫萬事萬物的橋樑。風水學中的氣，涵蓋了宇宙與地球。宇宙之氣，包括如：宇宙中的各種能量、射線，及不同的磁場對地球的影響，各個星體對地球產生各種力的影響，及宇宙間各種運動對地球上各個空間位置的影響等。地球上的氣包括如：水氣、地氣，及各種環境事物綜合產生的氣場等。

關於「宇宙之氣」，一九六〇年代的西方科學家認為宇宙中存在「生物等離子態」物質，並稱之為有別於固態、氣態、液態、等離子態的「第五態物質」。一九七〇年代後期，美國兩位科學家從儀器中接收到一種從未發現過的無規則電波。科學家研究發現，這些微波不是來自銀河系，而是來自更大的宇宙空間，是宇宙年輕時期的遺留，廣泛存在整個宇宙背景中。這種微波輻射不局限於微波，也包括了紅外線、可見光、紫外線、X射線、γ射線等，科學家稱之為「背景輻射」。背景輻射是由微波和微粒子所組成。這說明宇宙中確實存在許多類似這種微波（古代叫氣）的東西，只是以目前有限的科技水準還無法實證而已。

總之，無論是生命的繁衍，還是無生命物質的聚散，萬物的生成和變更，無不是由氣的運化所形成。

氣是運行不居的

氣是種物質，同時也具有運動特性，始終處於生機盎然、連續不斷的運動狀態，從而使宇宙萬事萬物處於永不停息的運動變化中。風水學認為氣「遇風則散，遇水則界」，就是概括描述了氣的運動特徵。又如「真龍之地，環砂抱水，一經風吹，難免破損；縱有佳水擁護，乘風則散。」說明了「風氣」與「水氣」的作用是運動變化的原因。

氣與形的相互轉化

宇宙萬物都是由氣聚化而成，氣與形是可相互轉化的。例如：人是由精氣而生，或說由父母「合氣」而生，逐漸成形，有無到有。反過來，一個人由生到死則是從形轉變到極細微的氣，形體逐步消失。又如水，氣結可成雨，水蒸而為氣，也是氣與形的相互轉化。「地理之道，首在龍，龍即山脈，為地之氣」，說明山脈也是由地氣聚化而成。

總之，有形之物是由氣化而來，有形之物也可散而為氣。氣與形的相互轉化是自然界的規律。

氣場

物質相互作用的範圍就是所謂的「場」，是物質存在的一種普遍形式。不同的氣都有其作用範圍，即所謂的氣場。

古代風水家認為，居河右為吉，居左為凶。這是長期勘測實證所得出的事實。根據現代的研究，地球自轉所造成的偏向力是造成此現象的原因之一。

一般來說，大一點的河流，通常右岸比較陡峭，而左岸相對較為平緩，這是因為地球每天從西向東自轉的偏向力，造成水流衝擊右岸的力量較大。氣「遇水則界」，被河流界住的氣密集擠向右岸，當然右岸較吉。

在古代的四合院內，不同的方位上，氣場分布也不同；特別是建築格局（如房屋、大門的布局）不同，產生的氣場亦不同。

氣的能量性與資訊性

現代科學證明，磁場、電波、微波與各種射線都是有能量的，可傳遞資訊。我們所說的「氣」也同樣具有能量，可傳遞資訊。正因為有能量，所以它才能產生吉凶，「風水」測吉凶的道理也在於此。

同樣的，氣也具有傳遞資訊的作用。由於「風水」的吉凶，可影響人的身、心、思維、情緒各方面，並形成全息感應，風水術者可通過風水而推斷人事的情況及其變化，這正是氣的資訊作用。

順應自然規律的陰陽五行平衡原理

前文提到，古代風水理論是以「天人相應、天地人合一、陰陽平衡、五行生剋」為原則，努力使人、住宅與自然及周圍環境相和諧。從這一點來看，古代風水理論深受陰陽、五行、八卦等思想的影響。

陰陽平衡

陰陽學說是古人掌握事物及其發展規律的一種思維方法。

任何事物都具有既對立又統一的兩面，亦即陰與陽。陰陽兩方循環不息的相互作用與運動，是事物生長、變化和消亡的根源。《素問・陰陽應象大論》：「陰陽者，天地之道也，萬物之綱紀，變化之根本，生殺之本始，神明之府也。」自然界的萬象無不蘊藏著對立而又統一的陰陽兩面，如天地、晝夜、寒暑、明暗、動靜、水火、男女、上下、成敗、禍福、吉凶等。

陰陽兩方不但相互對立、制約，同時又是相互依存、相互為用、相互轉化的，是相反相成、對立而又統一的。

對於陰陽理論，古人也提出了「中庸」之說，認為事物在陰陽平衡時狀態最佳。例如，在人的身體方面，「陰盛則陽病，陽盛則陰病；陽盛則熱，陰盛則寒」，只有陰陽平衡身體才會健康，處於最佳狀態。

基於這個道理，風水學說也以陰陽平衡、順應自然規律為準則。例如在選擇地勢方面，房屋在孤高處不吉，在太低窪之處也不好。在選擇光線方面，陰森之處固然不好，但光線太強之處也不好。

五行和諧

古人們經過長期廣泛的觀察，並運用取象比類的方法，將事物依性能、作用、型態分類而歸屬於金、木、水、火、土五行之下，使複雜的世界有了頭緒，有利於瞭解各種事物之間的聯繫，也是種觀察事物變化的方法。從而使萬事萬物之間，形成相生相剋、循環往復的全息關係。

(一)什麼是五行及五行的特性

所謂五行就是「金、木、水、火、土」，五種既具體而又抽象的概念，也可把它們視為五種性質不同的氣。

五行的特性是：

❶**木曰曲直**：樹木的枝幹都是曲直向上生長、向外舒展，引申為具有生長、舒暢作用或性質的事物，均歸屬於木。

❷**火曰炎上**：火具有溫熱、上升的特性，引申為具有溫熱、升騰作用或性質的事物，均歸屬於火。

❸**土曰稼穡**：土有承載、化生萬物的作用，故說「土為萬物之母」，引申為具有生化、承載、受納作用的事物，均歸屬於土。

❹**金曰從革**：「從革」為「變革」之意，引申為具有清潔、肅降、收斂等作用的事物，均歸屬於金。

❺**水曰潤下**：水有滋潤、向下的特性，引申為具有寒涼、滋潤、趨下、閉藏等性質或作用的事物，均歸屬於水。

（二）五行之間的關係

五行之間存在相互生化、制約的關係，包括：相生、相剋、相乘、相侮。

所謂相生，係指促進、助長和孳生的關係：金生水，水生木，木生火，火生土，土生金。所謂相剋，係指相抑制、制約的關係：金剋木，木剋土，土剋水，水剋火，火剋金。

所謂相乘，是以強欺弱的意思，是由於某「一行」過於強盛，對被剋的「一行」剋制太過，從而引起一系列的異常相剋反應。

相侮，係指「反侮」，是由於五行中的某「一行」過於強盛，反過頭來欺侮原來「剋我」的一行。

八卦及其應用

八卦的基本內容

（一）太極八卦圖簡介

太極八卦圖，表達的是萬物陰陽消長循環的關係。以黑色代表陰，以白色代表陽，這是白天與黑夜循環交

替的表示法。陽的頭部位置有個陰眼，陰的頭部位置有個陽眼，象徵陰中有陽，陽中有陰，陰陽相合，相生相剋。以圓心可分為四份定為四象。

四象為太陽、太陰、少陽、少陰。四象象徵空間的東、西、南、北，時間的春、夏、秋、冬。四象再加上圓心，就構成五行之說：南方為火，北方為水，東方為木，西方為金，中間為土。六合加上圓心稱為七星。

將四象一分為二，則可構成八卦圖。先天八卦方位為：乾南、坤北、離東、坎西、震東北、兌東南、巽西南、艮西北。八卦加上軸心稱之為九宮，配九宮數為乾九、坤一、巽二、兌四、艮六、震八、離三、坎七，中央為五。

（二）八卦的基礎知識

八卦是《周易》中的八種基本圖形，乾、坤、震、巽、坎、離、艮、兌，由陽爻「⚊」和陰爻「⚋」構成，每卦有三爻。《易經》六十四卦則是由八卦兩兩重疊組成。古人認為，這八種卦象，主要象徵天、地、雷、風、水、火、山、澤八種自然現象，每一卦象又象徵多種事物，而乾、坤兩卦特別重要，是一切事物的最初根源。

❶ 八卦歌訣

乾三連，坤六斷，震仰盂，艮覆碗，

離中虛，坎中滿，兌上缺，巽下斷。

❷ 八卦代數

乾一，兌二，離三，震四，
巽五，坎六，艮七，坤八。

❸ 八卦方位

乾西北，坎為北，艮東北，震為東，
巽東南，離為南，坤西南，兌為西。

❹ 五行八卦配屬

乾、兌（金）；震、巽（木）；坤、艮（土）；離（火）；坎（水）。

❺ 八卦生剋

乾、兌（金）生坎（水），坎（水）生震、巽（木），震、巽（木）生離（火），離（火）生坤、艮（土），坤、艮（土）生乾、兌（金）。

乾、兌（金）剋震、巽（木），震、巽剋（木）坤、艮（土），坤、艮（土）剋坎（水），坎（水）剋離（火），離（火）剋乾、兌（金）。

❻ 八卦旺衰

乾、兌旺於秋，衰於冬；震、巽旺於春，衰於夏；

坤、艮旺於每季的最後一月，衰於秋；離旺於夏，衰於每季的最後一月；

坎旺於冬，衰於春。

（三）八卦與事物的對應關係

◎八卦與人事

乾為父，坤為母，震為長男，巽為長女，坎為中男，離為中女，艮為少男，兌為少女。

◎八卦與人體

乾為頭，兌為口，震為足，巽為股，離為目，坎為耳，艮為手，坤為腹。

◎八卦與內臟

乾為頭、肺、大腸，坤為脾臟、胃，震為肝、膽，巽為肝、膽，坎為腎、膀胱，離為心臟、小腸，艮為脾臟、胃，兌為肺、大腸等。

◎八卦與方位（後天八卦方位）

乾為西北，兌為西方，離為南方，震為東方，巽為東南，坎為北方，艮為東北，坤為西南。

八卦與萬事萬物可無窮無盡地對應下去。

（四）八卦分宮

六十四卦是八卦兩兩相疊所演變出來的，因此古人把它們分成八個宮，每宮八個卦，其排列順序固定不變，各有其名稱。

◎乾宮八卦

第一卦上下皆乾，稱乾為天，也稱為乾宮首卦。
第二卦上乾下巽，稱為天風姤，或乾宮一世卦。
第三卦上乾下艮，稱為天山遁，或乾宮二世卦。
第四卦上乾下坤，稱為天地否，或乾宮三世卦。
第五卦上巽下坤，稱為風地觀，或乾宮四世卦。
第六卦上艮下坤，稱為山地剝，或乾宮五世卦。
第七卦上離下坤，稱為火地晉，或乾宮遊魂卦。
第八卦上離下乾，稱為火天大有，或乾宮歸魂卦。

◎兌宮八卦

兌為澤、澤水困、澤地萃、澤山咸、水山蹇、地山謙、雷山小過、雷澤歸妹。

◎離宮八卦

離為火、火山旅、火風鼎、火水未濟、山水蒙、風水渙、天水訟、天火同人。

◎震宮八卦

震為雷、雷地豫、雷水解、雷風恆、地風升、水風井、澤風大過、澤雷隨。

◎巽宮八卦

巽為風、風天小畜、風火家人、風雷益、天雷無妄、火雷噬嗑、山雷頤、山風蠱。

◎坎宮八卦

坎為水、水澤節、水雷屯、水火既濟、澤火革、雷火豐、地火明夷、地水師。

◎艮宮八卦

艮為山、山火賁、山天大畜、山澤損、火澤睽、天澤履、風澤中孚、風山漸。

◎坤宮八卦

坤為地、地雷複、地澤臨、地天泰、雷天大壯、澤天夬、水天需、水地比。

每一宮的第一卦皆稱為八純卦，第七卦稱為遊魂卦，第八卦稱為歸魂卦。每一卦的五行屬性，皆與其所在宮的屬性相同。也就是說，乾宮的八個卦五行屬性皆為金，坤宮的八個卦五行屬性皆為土，其餘依此類推。

（五）八卦與五行的對應關係

五行學說是古人對生活經驗的歸納。他們認為世間萬物都是由金、木、水、火、土五種元素所構成，在不同的事物上有不同的表現，比如五色、五味、五情、五常等。

八卦與五行之間的對應關係，是以八卦配合干支而論其所屬，有訣為證：「震庚亥未巽辛木，乾甲兌丁巳丑金，坎癸申辰水，離壬寅戌火，坤乙艮丙土。」

※此為九星水法推算歌訣。

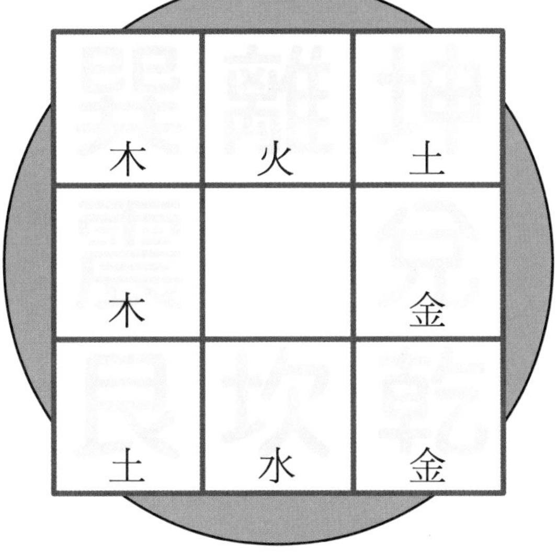

五行與八卦的關係圖

八卦在八宅風水學中的具體運用

（一）如何配宅向與卦象

根據八宅風水學的原則，看一個宅第的坐向就可知道這個宅第屬什麼卦象。坐向如何判定呢？由大門所向的方位來判定。人站在屋內，面朝大門，所面的方位便是「向」，而與「向」相對的方位便是「坐」。

例如：大門向東，則宅坐西；大門向南，則宅坐北；大門向西北，則宅必坐東南，如此類推。坐與向的方位一定是相對的，不管屋形如何，都沒有例外。

只要看房屋的坐於何位，便能知道此屋到底屬於哪一卦宅：

1. 坐東方的房子是震宅，大門向西。
2. 坐東南方的房子是巽宅，大門向西北。
3. 坐南方的房子是離宅，大門向北。
4. 坐西南方的房子是坤宅，大門向東北。
5. 坐西方的房子是兌宅，大門向東。
6. 坐西北方的房子是乾宅，大門向東南。

7 坐北方的房子是坎宅，大門向南。

8 坐東北的房子是艮宅，大門向西南。

八宅之中，可分為東四宅和西四宅。震宅（坐東向西）、離宅（坐南向北）、巽宅（坐東南向西北）、坎宅（坐北向南）為東四宅，乾宅（坐西北向東南）、兌宅（坐西向東）、艮宅（坐東北向西南）、坤宅（坐西南向東北）為西四宅。

東四宅須配東四命，西四宅須配西四命，這樣才能使所遇到的方位都是吉星，否則就會遇到四大凶星，非常不利。

讀者須記熟東四宅和西四宅的分類，這是八宅風水學的基礎，對以後的學習很有幫助。

※但此論點還需配合其他派別故只能作為參考，並不能作為論斷吉凶唯一依據。

（二）如何根據命卦配出宅卦

知道什麼是東四宅、西四宅後，接下來便要知道命卦是否和家宅的宅卦相配，相配則吉，不相配則凶。

計算一個人的命卦，必須先從《後天洛書》說起。相傳在夏朝時，有一隻神龜從洛水浮出，牠的背上分成九個部分，每一部分都是一組數目，所謂：「戴九履一，左三右七，二四為肩，六八為足，五十居中。（見下頁圖）」這九組數字不但可用來計算命卦，也是其他各類術數與風水學的基礎。

除中央的五以外，其他八個數字都與卦象相配合。分別是：一坎，二坤，三震，四巽，六乾，七兌，八艮，九離。

一個人的命卦是根據出生年及性別來看的。同年出生的同性別者，其命卦也相同。我們所謂的「一年」，並不是由農曆一月一日到除夕，也不是由陽曆一月一日到十二月三十一日，而且從一年的立春到翌年的立春前夕。

在下列表中，可找出百年內出生之人的命卦所屬，請注意：男性與女性是不同的；且一年的開始並非農曆或陽曆一月一日，而是立春日。

4 巽	9 離	2 坤
3 震	5	7 兌
8 艮	1 坎	6 乾

國曆　　農曆

一九二一年，辛酉年，男性屬兌卦，女性屬艮卦。

一九二二年，壬戌年，男性屬乾卦，女性屬離卦。

一九二三年，癸亥年，男性屬坤卦，女性屬坎卦。

一九二四年，甲子年，男性屬巽卦，女性屬坤卦。

一九二五年，乙丑年，男性屬震卦，女性屬震卦。

一九二六年，丙寅年，男性屬坤卦，女性屬巽卦。

一九二七年，丁卯年，男性屬坎卦，女性屬艮卦。
一九二八年，戊辰年，男性屬離卦，女性屬乾卦。
一九二九年，己巳年，男性屬艮卦，女性屬兌卦。
一九三〇年，庚午年，男性屬兌卦，女性屬艮卦。
一九三一年，辛未年，男性屬乾卦，女性屬離卦。
一九三二年，壬申年，男性屬坤卦，女性屬坎卦。
一九三三年，癸酉年，男性屬巽卦，女性屬坤卦。
一九三四年，甲戌年，男性屬震卦，女性屬震卦。
一九三五年，乙亥年，男性屬坤卦，女性屬巽卦。
一九三六年，丙子年，男性屬坎卦，女性屬艮卦。
一九三七年，丁丑年，男性屬離卦，女性屬乾卦。
一九三八年，戊寅年，男性屬艮卦，女性屬兌卦。
一九三九年，己卯年，男性屬坎卦，女性屬艮卦。
一九四〇年，庚辰年，男性屬乾卦，女性屬離卦。
一九四一年，辛巳年，男性屬坤卦，女性屬坎卦。
一九四二年，壬午年，男性屬巽卦，女性屬坤卦。

一九四三年，癸未年，男性屬震卦，女性屬震卦。
一九四四年，甲申年，男性屬坤卦，女性屬巽卦。
一九四五年，乙酉年，男性屬坎卦，女性屬艮卦。
一九四六年，丙戌年，男性屬離卦，女性屬乾卦。
一九四七年，丁亥年，男性屬艮卦，女性屬兌卦。
一九四八年，戊子年，男性屬兌卦，女性屬艮卦。
一九四九年，己丑年，男性屬乾卦，女性屬離卦。
一九五〇年，庚寅年，男性屬坤卦，女性屬坎卦。
一九五一年，辛卯年，男性屬巽卦，女性屬坤卦。
一九五二年，壬辰年，男性屬震卦，女性屬震卦。
一九五三年，癸巳年，男性屬坤卦，女性屬巽卦。
一九五四年，甲午年，男性屬坎卦，女性屬艮卦。
一九五五年，乙未年，男性屬離卦，女性屬乾卦。
一九五六年，丙申年，男性屬艮卦，女性屬兌卦。
一九五七年，丁酉年，男性屬兌卦，女性屬艮卦。
一九五八年，戊戌年，男性屬乾卦，女性屬離卦。

一九五九年，己亥年，男性屬坤卦，女性屬坎卦。
一九六〇年，庚子年，男性屬巽卦，女性屬坤卦。
一九六一年，辛丑年，男性屬震卦，女性屬震卦。
一九六二年，壬寅年，男性屬坤卦，女性屬巽卦。
一九六三年，癸卯年，男性屬坎卦，女性屬艮卦。
一九六四年，甲辰年，男性屬離卦，女性屬乾卦。
一九六五年，乙巳年，男性屬艮卦，女性屬兌卦。
一九六六年，丙午年，男性屬兌卦，女性屬艮卦。
一九六七年，丁未年，男性屬乾卦，女性屬離卦。
一九六八年，戊申年，男性屬坤卦，女性屬坎卦。
一九六九年，己酉年，男性屬巽卦，女性屬坤卦。
一九七〇年，庚戌年，男性屬震卦，女性屬震卦。
一九七一年，辛亥年，男性屬坤卦，女性屬巽卦。
一九七二年，壬子年，男性屬坎卦，女性屬艮卦。
一九七三年，癸丑年，男性屬離卦，女性屬乾卦。
一九七四年，甲寅年，男性屬艮卦，女性屬兌卦。

一九七五年，乙卯年，男性屬兌卦，女性屬艮卦。
一九七六年，丙辰年，男性屬乾卦，女性屬離卦。
一九七七年，丁巳年，男性屬坤卦，女性屬坎卦。
一九七八年，戊午年，男性屬巽卦，女性屬坤卦。
一九七九年，己未年，男性屬震卦，女性屬震卦。
一九八〇年，庚申年，男性屬坤卦，女性屬巽卦。
一九八一年，辛酉年，男性屬坎卦，女性屬艮卦。
一九八二年，壬戌年，男性屬離卦，女性屬乾卦。
一九八三年，癸亥年，男性屬艮卦，女性屬兌卦。
一九八四年，甲子年，男性屬兌卦，女性屬艮卦。
一九八五年，乙丑年，男性屬乾卦，女性屬離卦。
一九八六年，丙寅年，男性屬坤卦，女性屬坎卦。
一九八七年，丁卯年，男性屬巽卦，女性屬坤卦。
一九八八年，戊辰年，男性屬震卦，女性屬震卦。
一九八九年，己巳年，男性屬坤卦，女性屬巽卦。
一九九〇年，庚午年，男性屬坎卦，女性屬艮卦。

一九九一年，辛未年，男性屬離卦，女性屬乾卦。
一九九二年，壬申年，男性屬艮卦，女性屬兌卦。
一九九三年，癸酉年，男性屬兌卦，女性屬艮卦。
一九九四年，甲戌年，男性屬乾卦，女性屬離卦。
一九九五年，乙亥年，男性屬坤卦，女性屬坎卦。
一九九六年，丙子年，男性屬巽卦，女性屬坤卦。
一九九七年，丁丑年，男性屬震卦，女性屬震卦。
一九九八年，戊寅年，男性屬坤卦，女性屬巽卦。
一九九九年，己卯年，男性屬坎卦，女性屬艮卦。
二〇〇〇年，庚辰年，男性屬離卦，女性屬乾卦。
二〇〇一年，辛巳年，男性屬艮卦，女性屬兌卦。
二〇〇二年，壬午年，男性屬兌卦，女性屬艮卦。
二〇〇三年，癸未年，男性屬乾卦，女性屬離卦。
二〇〇四年，甲申年，男性屬坤卦，女性屬坎卦。
二〇〇五年，乙酉年，男性屬巽卦，女性屬坤卦。
二〇〇六年，丙戌年，男性屬震卦，女性屬震卦。

二〇〇七年，丁亥年，男性屬坤卦，女性屬巽卦。
二〇〇八年，戊子年，男性屬坎卦，女性屬艮卦。
二〇〇九年，己丑年，男性屬離卦，女性屬乾卦。
二〇一〇年，庚寅年，男性屬艮卦，女性屬兌卦。
二〇一一年，辛卯年，男性屬兌卦，女性屬艮卦。
二〇一二年，壬辰年，男性屬乾卦，女性屬離卦。
二〇一三年，癸巳年，男性屬坤卦，女性屬坎卦。
二〇一四年，甲午年，男性屬巽卦，女性屬坤卦。
二〇一五年，乙未年，男性屬震卦，女性屬震卦。
二〇一六年，丙申年，男性屬坤卦，女性屬巽卦。
二〇一七年，丁酉年，男性屬坎卦，女性屬艮卦。
二〇一八年，戊戌年，男性屬離卦，女性屬乾卦。
二〇一九年，己亥年，男性屬艮卦，女性屬兌卦。
二〇二〇年，庚子年，男性屬兌卦，女性屬艮卦。

（三）算出自己的命卦

所謂的本命卦，是將出生年換算成後天八卦的代號：「一坎、二坤、三震、四巽、六乾、七兌、八艮、九離」。男命五視為「坤」，女命五視為「艮」。

計算命卦有簡單的公式如下：

男命：（100－西元出生年末尾兩位）÷9，求餘數。

女命：（西元出生年末尾兩位－4）÷9，求餘數。

例 1

一九五六年出生的男子

公式：（100－56）÷9，餘數為8。

八屬艮，故該年出生的男子屬艮命。

例 2

一九六二年出生的女子

公式：（62－4）÷9，餘數為4。

四屬巽，故該年出生的女子屬巽命。

餘數一、三、四、九者，命卦屬坎、震、巽、離，為東四命，最適合的居所是東四宅。餘數二、五、六、七、八者，命卦屬坤、乾、兌、艮，為西四命，最適合的居所是西四宅。

（四）八卦五行之所屬

八卦亦有其五行陰陽屬性，認識其五行陰陽屬性，便能運用五行生剋原理，例如某一方位的五行出現煞氣，便可以另一五行元素相對治。

震屬陽木，巽屬陰木，離屬陰火，坎屬陽水，乾屬陽金，兌屬陰金，艮屬陽土，坤屬陰土。

知道了八卦的五行陰陽屬性，也就能知道八方的五行陰陽屬性：

1. 東方為震，故其五行屬木。
2. 東南方為巽，也是屬木。
3. 北方為坎，五行屬水。
4. 南方為離，五行屬火。

以上為東四卦。

以下為西四卦。

1. 東北方為艮，五行屬土。
2. 西南方為坤，五行也屬土。
3. 西方為兌，五行屬金。
4. 西北方為乾，五行也屬金。

五行元素不是獨立自存的，而是相互依賴同時也相互制約的，這就是所謂的五行生剋。

（五）方位合卦象，卦象主六親

如果陽宅中某一方位被煞氣干擾或侵襲，家宅內的相關親屬就很可能受到傷害。以下列舉各卦所主的親屬：

1. 乾卦西北主父親。
2. 坤卦西南主母親。
3. 坎卦北方主中男。
4. 離卦南方主中女。
5. 震卦東方主長男。
6. 兌卦西方主少女。
7. 巽卦東南主長女。
8. 艮卦東北主少男。

每一命卦都有四個吉方、四個凶方，四吉方的吉利程度都不同，四凶方的凶險程度也不一樣。八宅派風水學運用先天八卦，得出四顆吉星和四顆凶星的組合，按其吉凶順序可排列如下：

1. **生氣：**為貪狼星，乃大吉之星。該星主善良仁慈，極易出富貴之人，催官旺運，利於男性。
2. **延年：**為武曲星，乃中吉之星。該星主果斷，利於人際交往，催早婚姻而且夫妻關係融洽，人丁興旺，多福多祿多壽。

❸ **天醫**：為巨門星，乃次吉之星。該星主健康，較利於女性，能旺財，能貴人相助，去病去災。

❹ **伏位**：為左輔右弼兩星，乃小吉之星。該星主柔順，慈祥平和，容易使男性有很強的家庭觀念，家庭和諧。

❺ **禍害**：為祿存星，乃小凶之星。該星主人身體虛弱，孤寡貧窮，從而會萌發更多的仇殺之心，人丁有損，極易官司纏身。

❻ **六煞**：為文曲星，乃次凶之星。該星主口舌是非，會使人氣度狹小，婚姻不順，男性容易出現不務正業，女性極容易惹上桃花。嚴重者會產生上吊自殺的傾向。

❼ **五鬼**：為廉貞星，乃大凶之星。此星主脾氣不佳，暴躁，無事生非，極易產生官司、口舌、車禍、搶劫、火災等無妄之災。

❽ **絕命**：為破軍星，乃至凶之星。此星主破壞、衝突、血光、官司、無後、疾病。

不同命卦其八星的分布亦不同，茲扼要排列如下：

❶ **離**：生氣在東方，天醫在東南方，延年在北方，伏位在南方。禍害在東北方，六煞在西南方，五鬼在西方，絕命在西北方。

❷ **坎**：生氣在東南方，天醫在東方，延年在南方，伏位在北方。禍害在西方，六煞在西北方，五鬼在東北方，絕命在西南方。

3 **震**：生氣在南方，天醫在北方，延年在東南方，伏位在東方。禍害在西南方，六煞在東北方，五鬼在西北方，絕命在西方。

4 **巽**：生氣在北方，天醫在南方，延年在東方，伏位在東南方。禍害在西北方，六煞在西方，五鬼在西南方，絕命在東北方。

5 **乾**：生氣在西方，天醫在東北方，延年在西南方，伏位在西北方。禍害在東南方，六煞在北方，五鬼在東方，絕命在南方。

6 **坤**：生氣在東北方，天醫在西方，延年在西北方，伏位在西南方。禍害在東方，六煞在南方，五鬼在東南方，絕命在北方。

7 **兌**：生氣在西北方，天醫在西南方，延年在東北方，伏位在西方。禍害在北方，六煞在東南方，五鬼在南方，絕命在東方。

8 **艮命**：生氣在西南方，天醫在西北方，延年在西方，伏位在東北方。禍害在南方，六煞在東方，五鬼在北方，絕命在東南方。

風水學的相關派別

巒頭法（形勢派）的基礎知識

風水學自古以來離不開巒頭法（形勢派）和理氣法（理氣派）兩種。古書有云：「空談理氣，不論巒頭，非真風水也。」也有「巒頭不真，理氣無用」的說法。

所謂「巒頭法」，根據的是物體型態、空間和人事之間的關係，比較具體而且是看得見的，所以比較容易讓人們接受，也比較容易以科學的角度來分析解釋。

舉例來講：山川流水，或都市建築物的高低遠近、道路、高壓電塔、橋樑、路沖等設施，這些巒頭形勢所產生的影響，不會因時間的長短而改變，依然會存在，其內含的吉凶感應當然也存在著。

理氣法與巒頭法在性質上就大不一樣，因為「理、氣」本來就是看不見、摸不著的事物，所以難免帶有神祕的色彩；而且理氣法細分下來派系又比較多。

所謂「形」，就是結穴之山的形狀，是融勢聚氣的關鍵。生氣因勢而行，又因形而止。形乃「勢」之總結。

「勢」是指龍脈起伏連綿所呈現的各種態勢。與「形」比較來說，形近而勢遠，形小而勢大，故欲認其形，必先觀其勢。

風水學無論形勢派還是理氣派，都遵循著天地人合一原則、陰陽平衡原則，及五行生剋原則，形勢派和理氣派的理論也是彼此滲透、互相融通的。一個風水學者，應該兼收並蓄兩派的精華，既要精通理氣派，也要吸收形勢派的精髓。

形勢派是古老的風水門派，以龍、穴、砂、水來論地理形勢的吉凶，注重觀察山川形勢，重視「覓龍、察砂、點穴、觀水、取向」，俗稱地理五訣。由於形勢派的實踐更加豐富，忌諱少，比較容易接受理解，所以流傳範圍相對較廣。

唐代之後，形勢派主要活躍於江西一帶，對此派的主要人物和主張，清代趙翼簡明概括地說：「後世為其術者分為二宗……一曰江西之法，肇於贛州楊筠松、曾文遄、賴大有、謝子逸輩，其為說主於形勢，原其所起，既其所止，以定向位，專指龍、穴、砂、水與之相配。」形勢派理論的推廣，應歸功於形勢派的祖師江西人楊筠松、曾文遄等人。楊筠松為風水學傾注了畢生的精力，留下眾多著作，對後代學者影響十分深遠。

形勢派的理論，主要與土地、山脈、河流的走向、形狀及數量等自然環境有關。主要操作方法是「相土嘗水法」和「山環水抱法」。

一、覓龍

龍脈，即山脈，包括山脈的走向和起伏變化。因山脈在許多方面與龍相似，故風水術者將山脈比喻為龍。土是龍的肉，石為骨，草木為毛。《管氏地理指蒙》：「指山為龍兮，象形勢之騰伏」；「借龍之全體，以喻夫山之形真」。

山的綿延走向謂之「脈」，《地理人子須知》謂「龍脈」蓋取象「人身脈絡，氣血之所而運行」。故風水學有「來龍去脈」、「尋龍捉脈」、「尋龍望勢」之說。龍脈有分支，有大小長短，所以說「龍猶樹，有大幹，有小幹，有大枝，有小枝」。

所謂「幹龍」，其地域必延綿千百里，其山脈必然是名山，如崑崙山等，其江河必是大江大河。如《地理人子須知》：「以水源為定，故大幹龍則以大江大河夾送，小幹龍則以大溪澗夾送，大枝龍則小溪小澗夾送，小枝龍則惟田源溝洫夾送而已。」觀水源長短大小就能夠分辨枝幹大小。所以中國古代城市選址，不是在大山之下，就是在廣川之上。

龍可細分陰龍與陽龍。山脈由起點按順時針方向盤旋者為陽龍，逆時針運行者為陰龍。又可分順龍與逆龍。當幹龍與支龍方向一致時，稱為順龍，反之則是逆龍。風水寶地通常位於順、逆龍平衡之地。如果只有順龍而沒有逆龍，山脈就無法聚生氣。

龍亦可按大區域之高低分為：山野之龍、平岡之龍、平地之龍三種。平地亦可尋龍，雖脈落平洋，但可微辨體勢，所謂「高一寸為山，低一寸為水」。

「巒頭法」根據中國的地理特點和位置，將山脈的走向分為五勢：

❶ **正勢**：由北向南；
❷ **側勢**：由西向東；
❸ **逆勢**：逆水朝上；
❹ **順勢**：傾水朝下；
❺ **回勢**：山首回顧於山尾。

又根據山脈的起伏和型態，可概括出九種不同態勢的龍脈：

❶ **回龍**：形勢盤旋，回首舐尾，如回頭之虎；
❷ **騰龍**：形勢高遠，險峻聳立，如仰天大壺；
❸ **降龍**：形勢聳秀，峻峭高危，如從天而降；
❹ **生龍**：形勢拱輔，生動活潑；如從地竄出；
❺ **飛龍**：形勢奮翔，如雁騰鷹舉，雙翼開張；
❻ **臥龍**：形勢蹲踞，安穩停蓄，如虎屯象駐；
❼ **隱龍**：形勢磅礴，脈理隱延，如浮排鋪氈；
❽ **出洋龍**：形勢騰躍，蜿蜒欲出，如出林之獸；
❾ **領群龍**：形勢依隨，稠眾環合，如走鹿驅羊，遊魚飛鴿。

龍有八格和十二格之說。八格者：生、死、強、弱、順、逆、進、退。其中生、強、順、進為「四吉格」。

十二格者：生、死、枉、福、鬼、劫、應、遊、死、揖、病、絕（也有其他命名法）。

吉龍之山脈（龍脈）應當光肥圓潤，尖利秀美，山勢雄偉且力足，巍然磅礴，形神均厚重，群山如珠滾動，氣脈貫注，綠樹為蓋，枝繁葉茂，枝柯掩映，氣象萬千。

凶龍是山脈無勢，無巍然之感，且崩石破碎，歪斜臃腫，山勢弱自然力寡，枝腳瘦小，樹木不生，百草不旺。

覓龍，就是對山脈的觀察選擇。有山就有氣，所以覓龍實際上是尋找能夠「迎氣、生氣」的地域，要選擇來龍深遠、奔騰遠赴的山脈。覓龍要分辨五勢九龍，分清走向，確定陰陽向背，論定吉凶宜忌，以選定具體地點。

五勢、九龍是對山脈的宏觀概括，不能作為確切的吉凶判準，還要配合其他因素來加以分析。判定吉凶常常要配合陰陽五行學說、天象、人及生肖動物，來進行模擬推斷。

二、察砂

所謂「砂」，因為風水師常以砂擺出穴位四周的地形，用於研究各形風水格局，所以，砂就用來泛指穴位四周的山水。砂者，泛指環衛穴位周遭之諸山，反映山的群體關係，隸屬來龍之主山。

來龍左右起伏錯落而下的砂山，不僅能護衛穴位，又能達到藏風聚氣的作用。所以，砂的好壞，對穴位的貴賤有非常大的影響。《地理人子須知》說：「砂者，古人授受，以砂堆撥山形，因名沙爾。」沙、砂相通。今天，軍事推演時用來描述地形地貌的立體地圖，我們稱之為「沙盤」，正是中國風水學砂法的古為今用實例。

最典型的砂法為「四神砂」。《葬經翼》：「以其護衛區穴，不使風吹，環抱有情，不逼不壓，不折不竄，故云：青龍蜿蜒，白虎馴俯，玄武垂頭，朱雀翔舞。」生動說明了完美的砂山，其作用意義是相當大的。從地理上來說，中國的西、西北、北、東北四個方向來風特別剛烈，風水學稱之為大剛風，在這些方位上如果能有山屏護，當然有利於安居樂業。這四個方位合起來正是一個半圓，由此，也可啟迪我們理解風水學所謂「砂山環抱」的實際意義。

案山、朝山都屬與主龍脈相對應的穴前之山，所以均統稱朱雀。「近而小者，案山也；遠而高者，朝山也。」要求「近案貴於有情」，「但以端正圓巧，秀美光彩，平正整齊，環抱有情為吉」；而「遠朝宜高」，「貴於秀麗」，有呈「遠峰列筍天涯青」之勢。

中國風水學對於選定區域，重在人的心理對居住空間「氣場」的感受。如「穴前無山，則一望無際為前空」，「易野一望無際，有近案則《易》理之氣為之一收。」龍法「觀勢」，砂法「喝形」。凡近案遠朝兩備之地，均屬貴地。

案山要低小形美，如：橫琴、蛾眉、天馬、龜蛇、金箱、玉印、席帽之類形。

朝山要有情朝拱，特異眾山而獨秀者，凡迢迢遠來，兩水夾送，拜伏而至者謂之「特朝山」，為最上格。

樂山，亦稱樂砂，為穴後襯托之山，近穴處貼身蓋應托帳之小山，乃「橫枕穴之砂」。

風水學對於穴位前之朝山、案山的要求，是為達到「穴前收拾周密，無元辰直長、明堂曠闊、氣不融聚之患」。而龍、砂、穴、水法，是對環境「生氣、納氣、聚氣」的要求，相較於今日現代建築的景觀、外部空間設計等理論，是高明許多的。

除了「四神砂」之外，又有所謂「羅城」，亦稱羅城填局，指前朝後托之山又統統被周圍的遠山盤繞，補缺障空之「山外山」。

在現代城市中，住宅社區及獨棟建築的選址規畫，實際上很難找到理想的「四神砂」環抱格局。四神砂，在都市中變成了前後左右的建築物。在「山環」原則下，亦可因地制宜，考慮周圍建築環境來規畫自己的方案，一樣能收到良好效果。

砂是環護龍脈的山丘，是保鏢扈從，是龍的帳幕、僕從。風水學不僅注意山脈是否能「迎氣生氣」，而且力求能「聚氣藏氣」。「察砂」實際上就是在探尋能夠「聚氣藏氣」的地理環境。

察砂有兩大原則：

❶砂山的位置要環護主山脈的前後左右。在風水學中以「四靈」或「五行」表示理想中的砂山配置：左有青龍，為木；右有白虎，為金；前有朱雀，為火；後有玄武，為水；中央有穴，是建築

基地位置，為土。前面的砂山又稱作案山。

❷砂山的型態以端莊方正、秀麗為吉，破碎尖削、奇形怪狀為凶。這就是常說的「砂要秀」。在實地操作中，古人按「五行」原則將砂山的型態歸納為：木形砂山，頭圓身直；金形砂山，頭圓足闊；火形砂山，頭尖足平；水形砂山，頭平生根；土形砂山，頭平體秀。

三、點穴

尋龍易，點穴難。古人說：「三年尋龍，十年點穴。」足見尋龍和點穴的難度及重要性。穴，就是我們所要勘察風水寶地的「點」，用於陽宅基地的中心點和陰宅的金井（壙坑）。傳說唐朝時，有李淳風與袁天罡二位大師為皇帝勘尋風水寶地，其中一個先在所點穴位上埋了一枚銅錢，接著另一位也來點穴，在穴位上插針標位。皇帝派人察看，結果針恰好插入錢孔。這個故事說明了點穴的傳奇和微妙。點穴是十分嚴格的，常言說「陽宅一片，陰宅一點」，這一點的勘定就在天心十道上下功夫。

山龍的穴場力求藏風聚氣，能夠「藏風聚氣」的便是真穴。風吹氣蕩，真氣難留，經曰：「座下無有真氣脈，面前空迭萬重山。」真氣不聚，先人屍骨在地下受寒，子孫將貧困凋零，衣食不保。《玄空祕旨》曰：「苟無生產入門，糧艱一宿。」

穴場又稱明堂，分為小明堂與大明堂，已見前述。

四、觀水

生命離不開水，尤其是以農立國的中華民族，更把水視為福、財之所倚，所以在風水學中，視「觀水」比「覓龍」更為重要。

觀水首先要看水口，所謂水口就是水的入口處與出口處。《入山眼圖說》：「凡水來處謂之天門，若來不見源流謂之天門開，水去處謂之地戶，不見水去謂之地戶閉，夫水本主財，門開則財來，戶閉則用不竭。」故水來處欲其開敞，水去處欲其封閉，這樣才能留住財源。

觀水還要看水形。《博山篇》云：「洋朝汪汪，水格之富。灣環曲折，水格之貴。直流直去，下賤無比。」

五、取向

取向即朝向和布局。確定穴位之後，選擇建築群的朝向、確定中軸線並進行布局，就成了人們最關心的事。現代一般人最常談論的風水內容就是房屋的裝修、布局和擺設，也可說，「取向」成了現代風水的主要內容。

「向」，指宅或墓的坐向，與龍、砂、水、穴並為相地術五大要項。風水術者認為，坐向多以背山面水、坐北朝南，避凶迎吉為佳。定向一方面要視察地形，另一方面也要羅盤勘測，而以地形坐向為先決條件。

反映在運盤上，山與向的運星不管是「到山到向」，還是「上山下水」，其吉凶均須依實際地形判定。例如「到山到向」雖吉，而坐山無山，向首無水，或坐山有水，向首有山，仍不宜選用。

由於自然山水往往不免差強人意，風水家多會採取變通的辦法來解決問題。例如「偏字」，定山向以山為準，依水而變，以地盤測量，山龍若從子方來，午方有水，即用子山午向，是為最理想的風水寶地；但如水不在午方而在丙方，則改用壬山丙向以止氣，餘類推。

取向也就是對位置的選定及布局，方向按八卦四正四隅及人的五行生剋原則判定吉凶。這種縝密細緻的方法，歷經數千年傳承不輟的豐富實踐經驗與知識的累積，其在本質上符合現代地理學、地質學、氣象學、生態學、心理學、景觀學與建築學等多方面的內涵。

形勢派的分類及原理

提起形勢派，大多數人自然而然會想到以形勢論吉凶的楊筠松、曾文遄和郭璞等幾位風水祖師。形勢派偏重地理形勢，主要是以龍、穴、砂、水、向來論吉凶，雖然其下可細分為巒頭派、形象派、形法派三個小門派，但這三個小門派實際上是互相關聯、相輔相成的，並沒有完全分離。

❶ **巒頭派**：古書有云：「空談理氣，不論巒頭，非真風水也。」也有「巒頭不真，理氣無用」等說法。「巒頭」說的就是自然界的山川形勢。自然地理的巒頭包括龍、砂、山。龍是指遠處伸展而來的山脈；砂，是指穴場四周的山丘；山，是指穴場外遠處的山峰。

「金鎖玉關」又名「過路陰陽」，是「巒頭派」中的代表派系。此派風水師又有「南方先生」、「識寶奎子」的美譽，稱呼雖異，實質相同，意思都是說，此派風水師只要到你家房子或祖墳周圍逛一下，就能一語道破你家的六親興衰，吉凶禍福，更能定準你的一生。

2 形象派：「形象」是風水學中一門高深的學問，因為它把山的形勢生動地看作某種物體或某種動物，例如某個山峰的形狀像一隻老虎。有關形象的名稱很多，如仙女下凡、七星伴月等，不勝枚舉。

3 形法派：在形象派的基礎上結合巒頭派的法則，主要是論述形象與穴場配合的法則。例如有一條道路與穴場正好對沖，在形法派中就叫做「一箭穿心」。

總之，看形象的離不開山頭（巒頭），看山體的也脫離不了形象和形法，三者之間的關係是相輔相成的。在大陸有很多山勢高聳的地方，由於其山勢影響大，很多風水師都特別重視山勢形象與巒頭。

理氣派的基礎知識

理氣派，坊間又稱為三元理氣派或屋宅派。由於理氣派具有可操作性很強的內容，且極具靈活性和應用性，因而成為現代風水的主流。理氣派的知識對讀者學習風水來講至關重要，是學習現代風水的基礎。

理氣派的起源可遠溯至周公卜河洛，後來春秋戰國時期陰陽學術盛行，到了晉代，郭璞就提出了理氣派的內容：「二十四山分順逆，共成四十有八局。」唐代楊筠松著《青囊奧語》，開篇就提出：「坤壬乙巨門從頭出，艮丙辛位位是破軍，巽辰亥儘是武曲位，甲癸申貪狼一路行。」這段奧語是近一千多年來玄空學最難破解的內容。

理氣派以河圖、先天八卦為體，洛書、後天八卦為用，以八卦、十二地支、天星、五行為四綱，講究方位，有許多「煞」忌，理論十分複雜。理氣派重視羅盤定向，陽山陽向，陰山陰向，不能有一點錯置，以定生剋。理氣派是繁雜的派別，其理論幾乎把《易》理的內容都囊括了進來，陰陽、五行、河圖、洛書、八卦、星宿、神煞、納音、奇門等，都是理氣派的根據和原理。

理氣派分支眾多，除了八宅派、命理派、三合派、五行派、玄空飛星派等幾個大流派，還有一些小分支，如五行派、三元派、八卦派、九星飛泊派等也自立門派，著書立說。雖然門派眾多，但最主要的理論依據還是三元、三合、天星等三大學說。

玄空飛星派是理氣派的重要分支，以時空畫分三元九運，以洛書九宮飛布九星，將住宅配合元運，排出運盤、坐向、九星，利用九星飛伏來判斷吉凶。然後以住宅的形勢布局，結合周圍的山水環境而論旺衰吉凶。玄空飛星派在乾隆、嘉慶年間比較盛行。

以下介紹理氣派中幾種重要派別的特點。

❶ 八宅派：八宅派要點有二。一是「坐山配遊星」論吉凶。遊星可分為四吉星和四凶星，四吉星包括伏位、天醫、生氣、延年；四凶星則包括五鬼、絕命、禍害、六煞。以此八星根據住宅的八

卦山起伏位，分別將此遊星配在先天八卦的八個方位上，配吉則吉，配凶則凶。二是根據住宅八卦坐山，細分為東四宅與西四宅，然後與人的命卦結合，東四命配東四宅，西四命配西四宅。一般而言，八宅派推算命卦都是以年支、性別為準。換言之，兩名同性別、同一年次出生的人，其風水布局也是相同的。一年之中有近百萬人出生，如果按照八宅派風水觀點來論，他們都在一個共同點上。因此，八宅派的風水理論，相對其他派別而言顯得過於粗略。尤其是東西命配東四宅，西四命配西四宅的觀點，更是粗略而難以準確。

2 命理派：以宅主命盤中的五行喜忌，配合二十四山方位的五行及玄空飛星來進行風水布局，善用各種裝飾物、顏色等，對各類陽宅的室內裝飾及風水調整具有很大的指導作用。

3 三合派與二十四山頭派：都是以山水為主，將二十四山與坐宅配山論生剋關係。所謂坐宅配山，實際上是指坐宅在羅盤上的五行與宅外山峰或建築物之間構成的五行生剋關係。配水則是以「十二長生位」來論吉凶。十二長生就是命理學中的「長生、沐浴、冠帶、臨官、帝旺、衰、病、死、墓、絕、胎、養」。一般都以向上配水和水的來去論吉凶，此項主要是用於陰宅。

但在三合派中，向上配水與十二長生存在陰陽混雜之象，運用起來往往會有偏差。所以提醒學風水的諸位《易》友，以十二長生論水的來去吉凶，切不可全用，一定要分辨陰陽，配盡陰盡陽為善。

4 **翻卦派：**以八卦翻出九星卦為主，然後再配合山水以論吉凶。翻卦派有好幾種翻法，如輔星翻卦，又名黃石公翻卦法，是根據納甲起以貪狼、巨門、祿存、文曲、廉貞、武曲、破軍、左輔、右弼九星來推斷吉凶。

5 **玄空飛星派：**所謂玄空九星乃是：一白在坎為貪狼，二黑在坤為巨門，三碧在震為祿存，四綠在巽為文曲，五黃中央為廉貞，六白在乾為武曲，七赤在兌為破軍，八白在艮為左輔，九紫在離為右弼。玄空學的實質就是注重元運的旺與衰，及一至九等九個數的生剋制化與命局中喜忌配合，只要能把握住這一點，於玄空學就算已經入門。

6 **星宿派：**星宿指的是二十八宿，如亢金龍、氐土貉、房日兔、心月狐、尾火虎等，分別代表五行屬性。根據坐向論生剋，主要是用來佝二十四巒頭的理氣吉凶。

7 **玄空大卦派：**又名玄空太易卦，它把《周易》六十四卦全部排在羅經的一層上，明確標明各個卦的卦運及玄空五行，以便在風水處理上根據五行生剋原理來分析旺衰，並處理風水布局。它的重點是卦的旺衰，零神、正神，及合十和合生成數。

8 **八卦派：**又叫六爻派，以六爻為基礎，是較難入門的一派，須擁有深厚的六爻功底，才能學到這一門的精髓。該派看風水，是以三元九運當令之九星入中宮的方法，陽宅以向上飛星為上卦，以大門為下卦，將兩卦組合成複卦，再用八卦六親太歲等，按方位判斷九星，是一門複雜而精深的學問。

理氣派中還包括奇門派、五行派及紫微大數派等。

有關風水派別，嚴格說起來其實就是「形勢」和「理氣」兩大派。它們之間的理論也是彼此滲透、互相融通、相輔相成的，體現出風水學萬變不離其宗之意。所以，想要真正學習風水學的讀者，必須兼收兩派之精華並融會貫通，既要精理氣派的要義，也要吸收形勢派的精髓。

風水學包括陽宅風水和陰宅風水兩大主要部分，其中不乏許多生動的理論概念和複雜的勘察方法。本書將以理論中穿插實際圖片的方式，為讀者朋友們深入剖析。

09 陽宅風水學基礎精要

陽宅外在格局分析

選擇適宜的居住環境

國人都很重視居所，只要經濟能力許可都會購房置業，認為這樣才能安居樂業，生根立命，否則便會有漂泊無依的失落感。每個人都希望住在風水好的房子裡，卻不知該如何選擇。以下就為各位介紹挑選住宅時，應注意的一些風水問題。

一、風以柔和為宜。理想的居住環境應有柔和的輕風徐徐吹來。清風送爽，才符合風水之道。風水學最重視「藏風聚氣」，如果房屋附近風很大而且十分急勁，那就不宜選購，因為即使那棟房屋真的有旺氣凝聚，也會被疾風吹散。

二、陽光充足為宜。陽宅風水最講究陽光、空氣，不但要空氣清爽，而且還要陽光充足。房屋若是陽光不足，往往陰氣過重，會導致家宅不寧，不宜居住。

三、前面地勢平坦為宜。視野要開闊，如果有朝山呈金形或土形則更佳，若前面有屋，只要距離不太近或呈壓抑之勢即可。

四、衙前廟後不宜。官府衙門（特別是警署及軍營）的前面，及寺院道觀的後面均不宜居住。原因是衙門殺氣重，住在它的對面便會首當其衝，承受不起便會有人口傷亡。寺廟是陰氣凝聚之處，不適宜住得太近。

五、樓層的選擇。一座大廈的外在環境、山形道路吉者，其住客通常都以吉論。但是由於存在著命相與層數之五行的問題，及磁場資訊對人體產生的影響，在同一座樓內不同的樓層，居住者的貧富會有差距。

如何選擇樓層呢？首先必須先對天干地支有所瞭解。

甲子年、丙子年、戊子年、庚子年、壬子年，這些年分的生肖是屬鼠，在五行方面屬水。

乙丑年、丁丑年、己丑年、辛丑年、癸丑年，這些年分的生肖是屬牛，在五行方面屬土。

甲寅年、丙寅年、戊寅年、庚寅年、壬寅年，這些年分的生肖是屬虎，在五行方面屬木。

乙卯年、丁卯年、己卯年、辛卯年、癸卯年，這些年分的生肖是屬兔，在五行方面屬木。

甲辰年、丙辰年、戊辰年、庚辰年、壬辰年，這些年分的生肖是屬龍，在五行方面屬土。

乙巳年、丁巳年、己巳年、辛巳年、癸巳年，這些年分的生肖是屬蛇，在五行方面屬火。

甲午年、丙午年、戊午年、庚午年、壬午年，這些年分的生肖是屬馬，在五行方面屬火。

乙未年、丁未年、己未年、辛未年、癸未年，這些年分的生肖是屬羊，在五行方面屬土。
甲申年、丙申年、戊申年、庚申年、壬申年，這些年分的生肖是屬猴，在五行方面屬金。
乙酉年、丁酉年、己酉年、辛酉年、癸酉年，這些年分的生肖是屬雞，在五生方面屬金。
甲戌年、丙戌年、戊戌年、庚戌年、壬戌年，這些年分的生肖是屬狗，在五行方面屬土。
乙亥年、丁亥年、己亥年、辛亥年、癸亥年，這些年分的生肖是屬豬，在五行方面屬水。

其次還必須瞭解樓層與五行的關係。

一樓和六樓屬於北方，屬水。尾數是一或六的樓層亦屬水，如十一樓、二十一樓、三十一樓等。
二樓和七樓屬於南方，屬火。尾數是二或七的樓層亦屬火，如十二樓、二十二樓、三十二樓等。
三樓和八樓屬於東方，屬木。尾數是三或八的樓層亦屬木，如十三樓、二十三樓、三十三樓等。
四樓和九樓屬於西方，屬金。尾數是四或九的樓層亦屬金，如十四樓、二十四樓、三十四樓等。
五樓和十樓屬於中央，屬土。尾數是五或十的樓層亦屬土，如十五樓、二十五樓、三十五樓等。

選擇樓層時應注意：樓宇的五行，對居住者的命中五行有相生相助作用的為吉；反之，如樓宇五行剋主命五行，或主命五行生樓宇五行者，作不吉論。主命五行剋樓宇五行者，中等論。舉例說明如下：

某人生肖屬豬，五行屬水，居住在一樓或六樓，則水可助其主命水，吉論。居住在四樓或九樓，則金生其主命水，吉論。居住在五樓或十樓，則土剋其主命水，凶論。居住在三樓或八樓，則木泄其主命水，凶論。居住在二樓或七樓，則火被其主命水剋制，中等論。

如有下面情況則為大凶，根本不適宜居住：

1 山頂高絕之地，不居。山頂的住宅四周無依靠，居住在此的人，容易導致被倒債、婚姻不順，甚至離婚、子女飄泊而且容易遭遇小偷的光顧。

2 高污染的地區，不居。例如化工廠、麵粉廠、石灰廠、煉油廠等，易造成空氣嚴重污染的地區，不宜長久居住。

3 低窪易積水的地區，不居。住宅地按平面圖來講如果比馬路低，而且近無明堂，則容易錢財不聚。

4 低逼之地，不居。如果四周、前後左右均呈高壓態勢或四周高聳，唯獨居住地低窪狀態且逼近，則容易造成主人有強鄰壓境之感，易患憂鬱症甚至有自殺的傾向。

5 危險性高的地勢，不居。例如在海邊或容易造成土石流的地段等等，這些地方易發生天然災害，所以不適宜居住。

6 斜坡地段，如果明堂斜度大於三十度以上，不宜居住。財容易分散，較不聚財。

除上述列舉的環境之宜忌外，其他像社區結構、四周交通、周圍就業場所及公共設施等，在選擇住家或店面時均應考慮在內。

建築物基地格局分析

建築物的基地格局，除了建物如公寓或大廈的結構主體外，還包含了前後院、圍牆等。基地一般以方形或長方形為吉，然長方形基地可長不可扁。屋前有空地納氣為佳，但左右不宜過長而呈扁形，因為大門、圍牆如果太近，會形成逼窄而納氣不順，不利家運的發達；長期居住在此的人，眼睛更加容易產生問題。

以下列舉其他不利格局：

1. 左右長短不對稱，不吉。左短不利於男性，右短不利於女主人和小孩。
2. 左方有缺角或缺口，不利居住者的健康。
3. 倒三角形的基地，即前寬後尖者，居住此地的人會有自殺或流產的傾向。
4. 三角形基地會使居住在此的人有不安的感覺，容易開刀，人財兩失。
5. 前寬後窄的基地，容易缺財丁，尤其子孫的成就將會一代不如一代。
6. 基地前窄後寬為吉論，但前不能太窄，若角度小於六十度，則為凶論，形成開刀格局。
7. 基地前平後高為吉，但後方不可出現高壓的態勢，如格局呈步步高升、平步青雲，則丁旺。若明堂寬敞呈收水局或收拜堂水，則丁財兩旺，是大吉之相。
8. 基地正後方如果有缺，或呈反背形，主口舌是非，尤其對房丁不利。

❾基地地勢與對門相較之下過低，形勢太低，則忍氣吞聲，賺錢事倍功半，不利財運。

❿基地前順弓呈圓形，明堂寬敞納氣良好為吉，如抱金格局。

陽宅水局形勢分析

古書有云：「富貴貧賤在水神，水是山家血脈精，山靜水動晝夜定，水主財祿山人丁。」水局在陽宅風水中占很重要的因素，尤其是對河流兩岸的居民，其水流狀況能影響到該地區人的個性、智慧、財富等。

若水流清澈，山水風景秀麗，易出文人智者，且當地的人長相都較清秀。

若水流湍急，則易出個性急躁或浮躁衝動的人。

若水流混濁，則易出工人或靠體力賺錢的人，且長相比較不清秀。

若水流彎曲，則易出有心機、個性奸詐的商人。

若水流較淺，則易出氣度較淺、沒有心機、心胸開闊之人。

若水流較深，則易出有城府、個性陰沉之人。

陽宅論水局，一般應配合方位及陰陽五行，大致可論吉凶，若再配合理氣法的理論，其準確程度更高。

水局除了天然江河湖泊之外，通常還有人工水池，除了要論高低、位置、大小、遠近外，其形象亦可歸屬五行五大類，由其陰陽五行大致可推論吉凶如下：

金形：主貴，但忌半月形或圓形之反弓面。

土形：主富，若水大則所發財富亦大。

火形：易有血光、高血壓及口舌是非。

水形：若理氣形勢合，可發財，但易生桃花。

木形：若理氣形勢合，可發財，若直沖則富而不仁，易發生口舌是非。

❶ **大會明堂聚水局**：如湖泊或潭水形狀呈布袋形，明堂寬則前途寬，如位置、方位及理氣配合，則儲財又置產致富也。

❷ **環抱水**：水從左到右流過門前，如腰帶纏身，然後隱約往屋後而去。若明堂寬敞配合理氣，則財富快速且豐厚，反之若為反向之順水反弓局，則反背反情且失敗。

❸ **倉板水朝**：地勢屋前微高有層層田園，若有兩水皆向門前滿朝而來，加上明堂寬敞及後靠，也可發財致富。若門前有別人屋頂水朝拜如拜堂狀，有利於住家財運。

❹ **曲水朝堂**：水流彎曲過堂往屋後隱去，彎折愈多，加上明堂寬廣，則財富愈豐厚。若反向流水由前門流出順水局，則財富減少，福分減弱。最好是以水來處寬大、水去處窄狹為佳。

❺ **橫過水**：水從左或右橫過，如馬路橫過，若水流寬大呈聚水局，加上明堂寬敞及理氣合，則可

發財。如明堂窄小，則子孫有往外發展的傾向。

6 桃花水：若水流彎曲不規則於門前可見，如彎曲之河流，則男人帶桃花；若水流呈外八字形，則應女人外遇桃花。

7 直沖水：若水流寬度大於宅舍三倍以上，且明堂寬敞，加上理氣配合，財富也就愈大。若水流與屋同寬，雖可發富，然而不仁，易有官訟是非之事。若水小直射，則易有中風、高血壓或意外事情。

8 抬轎水：即屋宅左右近身有水直出，主花錢似流水，財盡人空。

9 夾身水：即屋宅前後有橫水且近身，主賺錢不易，人丁留不住，家破人亡、流產、吃藥，且小孩子容易經常流鼻水或流鼻血。

10 曲水：指彎彎曲曲的河流，若取由右到左順弓面，配合明堂寬敞及理氣也可發財。如取反弓面，則為無情、失情，易有破財或意外事件。

11 人工水池：宜在外明堂或圍牆外之前方、右前方或右側為宜，配合形象理氣亦可催財。若在左前方或左側可催財，但吃藥難免。若宅前或圍牆內有低陷的深水池，須防小孩發生意外事件。

12 假山噴水池：一般適合工廠、公司，若形象、理氣配合則可催財。如噴水池在住家圍牆內左側或左前方，雖可催財，但會影響健康狀況。

13 淋背水：即屋後有水淋到本宅屋頂，主一生貧病交迫。若可見他人屋頂之朝拜水勢，則有暗財可得。若屋前有淋水如瀑布，似有人無時無刻在門前哭泣，稱為悲哭水。如集合住宅前面有景觀瀑布，住樓層較高之住戶外看瀑布水往下流，則錢財較不容易守得往，而且健康也會受影響。

14 分叉水：屋前水如人字形分開，各自向外流出，主家人分散，子女離散，不利財庫，且女人有桃花情事。

15 湍殺水：即水流湍急且水中有很多大石頭的急流淺灘，其地居民易出陰險凶惡之人。

16 斜飛水：水從屋後而來，至門前反跳背出如斜飛狀，主無情、背信、忤逆之親朋，且易破財。反之，若有斜射屋舍之小河流在左則傷男，在右則傷女。

陽宅形勢與理氣

陽宅風水也離不開巒頭及理氣。

理氣著重於天時地運之推算，如三合年或三元九運之推論。可是隨著日日月月、年復一年、地球自轉公轉，大地磁場一直在動態之中，所以有風水輪流轉之說。

反觀住宅周圍的環境，如大廈壁刀、電線杆、牆角、橋樑等建築物，不管天時地運如何改變，其位置方位也不會改變，其造成的影響仍然存在，也因為如此才有所謂「七分巒頭，三分理氣」的說法。

陽宅論明堂形勢，如道路、河流的高低、遠近、向背、有情或無情，皆關係到陽宅的吉、凶、禍、福。一般論陽宅風水，外格局占百分之五十以上的影響力，故選擇外局形勢不可不慎。

論陽宅之形勢與理氣，有如論人面相之吉凶禍福一樣，五官即如形勢，而氣色就如理氣。如形勢雖吉，而理氣失運，格局雖大，得天獨厚，但無法突破，繼續大發創新高。若形凶，雖理氣得運可暫發，但有缺失。故論陽宅之吉凶，若捨《易》理而只談形勢吉凶，則其道日遠，若專談《易》理而捨形勢，則其道不可得也。如何能詳盡準確掌握陽宅之風水？那就必須形理合參。

明堂形勢與財運

《大戴禮・明堂篇》記載，明堂是為明諸侯尊卑而設，凡九室，室外有四戶、八牖，以茅蓋屋，上圓下方。據說，明堂是天子理政、百官朝見的場所，而風水把明堂當作穴前之地。

明堂有內外之別，凡山勢緩和、平平結穴、龍虎環抱、案山當前者，就稱內明堂；內明堂之外為外明堂。明堂中間是平地，四周有山，是為左青龍、右白虎、前朱雀、後玄武，又有捍門、華表、輔弼等山，明堂內有彎曲之水，水的出口為水口。明堂內還有田園、樹木。

明堂實際上是人們的居住空間，大到都市，小到村落，其四周都有相關的自然環境。選擇適合人們居住的外環境是十分必要的。

明堂寬敞，外局龍高虎低，龍過堂，有後靠則佳，配合水局，若理氣得運，則有利公關事業及財丁兩旺。

明堂寬敞，堂前水聚天心，呈眾水朝堂之局或收拜堂水，倉板田水朝之類逆水局，配合後靠，為致富之局。

明堂寬敞，屋前且有橫案，近如伸手可及，格局配合理氣及水局，則有利於財運。

明堂寬敞，右前方有水池或右水倒左流過門前之水局，如腰帶纏身彎抱有情，隱約往屋後而去，配合龍虎砂及後靠有情，則財丁兩旺。

明堂寬敞，外局虎過堂，堂前收拜堂水或水聚天心之局，理氣得運，雖可賺錢，但女人當家。若虎高，虎抱龍且高於本宅，則易有女人掌權，夫妻不合或兄弟不合之現象。

明堂寬敞，但堂前收逆水朝堂，其形勢大發，福亦大。若水形與屋同寬，則富而不仁，且易有官訟是非。若水形小，如穿心箭般直射，則易有眼疾、官訟及意外事情。

明堂地面落差大，水直瀉，守不住錢財。若明堂狹窄，且堂前突然下陷之空地，則易有破財或意外事件。若明堂地面高低不平，則運勢起伏無常，居住者之財運與運氣亦起伏不定，若經營生意，則生意亦起伏不定，時好時壞。

明堂狹窄，前有茂盛的樹林導致視野不大，居住者易心胸狹隘，影響其財運與運氣前途。若前有整排茂密竹林，則易有牢獄之災。若明堂狹窄，前有水池低窪，理氣配合，雖可暫發，但小兒易生意外。

若明堂壓迫，即屋前有山或大樓壓迫，形成奴欺主之勢，則事業難有成就，且子女不孝，主人易得精神方面的疾病。若後靠低無，則易發生意外事件或被倒債的情況。

明堂狹窄，門前馬路的路基高於房屋客廳或地面，若無後靠，則形成前高後低之倒流形勢，錢財留不住，且人丁不旺。

明堂巒頭格局對人的影響

明堂巒頭的形勢，對該地區的風土民情及性格也有部分影響。如山形俊秀地區的人，其長相亦英俊溫文，知識水準也較高。若山形如稜角般陡峻，此地之人個性易如英雄好漢般好打鬥。形狀如擊拳狀，易出英雄好漢或好鬥流氓。

1 明堂朝山呈官貴之金形，利於子孫出官貴之人，山形愈高大則官職愈大。

若朝山呈圓頭形，容易出出家人。

若朝山之金形，低如龜背形，容易出中級公務人員。

若朝山呈筆架狀，容易出文筆秀麗的文人或文官。

若朝山呈土形，如棋盤狀之橫案，易出富商或文秀之人。

若朝山呈火形三角形，如旗劍狀，易出英雄。

若朝山如葫蘆狀或葫蘆砂，易出高明的醫生；如有破損，則易醫死人，招致醫療糾紛。

若朝山呈崩狀或山崩壁，應血光或出流氓之人；如崩狀是地震後或颶風下大雨後形成，則易有血光意外之災。

2 明堂朝山呈金形，但主山低或無後靠，則子孫雖出富貴，但不孝也。

3 明堂外局龍高又長，龍抱虎過堂，但內局虎過高，如三合院圍牆開龍門，則在外男做主，在家女人當家。

4 明堂外局青龍方有高大建築物，則有利長房在外出名聲。若虎方有高大建築物形成壓迫之勢，應奴欺主，女人愛表現或掌權力。

5 明堂案外有小山突出，或牆外有尾脊高出部分，為探頭煞，易遭小偷。若屋宅本身高度比左右宅舍高一、兩層，或比同一排房舍凸出街心，皆為探頭屋，易遭注目嫉妒，且易發生偷盜，破財事件。

6 明堂山勢高壓，形同開門見山碰壁，屋前之高樓大廈也是同論，如宅後空虛或過低，形成後靠無力，則論為奴欺主，主受屬下倒欺，子女不孝，且招人剝削，百事不順。

宅後有靠山之形勢分析

一般來講，陽宅的後靠包括山體、建築物及樹林等，依形體也分為規則對稱和不規則對稱兩大類，再依形體高低遠近，論有情與無情兩種。如後靠漸進上升之土形或金圓形山坡地，是為有情；若陡然高起山勢或建築物，形成壓迫或崩狀之山壁或反弓銳角形建築物，皆稱無情。依五行可分金、木、水、火、土五類，一般以金、土形後靠為吉。

金形山勢可出貴，若為金形建築物則不宜太靠近本宅，會形成反弓逼壓。

土形山勢可丁財兩旺，若理氣得運，可穩定發展。

木形如靈骨塔、煙囪、電線杆，一般論凶。

火形如屋脊、教堂，或三角銳角形建築物，一般論凶。

水形即高低不同、起伏落差大之地形或不規則建築物，論氣勢時好時壞。

❶後靠山勢如果漸進式高起，代表子孫一代比一代興旺。

若山勢星體呈土形，為丁財兩旺之格局

若山勢星體呈金形，則子孫易出官貴，且有貴人相助。

❷後靠先低下、後上升，亦呈星體，代表隔代出官貴，論人丁可能先生女，再生貴子也。

❸後靠平平，再漸漸高起星體，依距離遠近，可論子孫何代開始興旺或多久才能開始興旺。

❹後靠山坡地之斜度六十度，形成逼近高壓，易犯焦慮症，亦因水土不佳，遇颱風大雨災害時，輕則泥漿入屋，重則山崩人亡。若山坡地有石頭牆，則易生痔瘡。

❺後靠有寺廟或教堂，形同太歲壓頭之勢，子孫易出不良少年或血光之災。

❻後靠山勢陡然高起，或高樓距宅舍太近，形成高壓，代表長輩或自己給自己太大壓力，易形成

焦慮症，且子孫個性太急躁。

7 後靠山形呈崩壁狀或遠有峻嶺，子孫易出帶刀不良少年，或遊手好閒之輩。

8 後靠竹林或樹林茂盛，代表人丁興旺；如有缺口，則代表某房人丁有缺陷。若竹林或樹林稀落，主該家族人丁不旺或落敗。

9 後靠有探頭屋，則子孫會出小偷。若右後方帶路呈外八字形，則女人帶旺桃花。

10 後靠不對稱，例如只靠半棟建築物，形成隔角煞，應子孫福分不均，且不利人丁，有疾病開刀現象。

11 後靠為巨石山勢，經常不生草木，且逼近宅舍，不利財運與官運，且家運難上升發展。

12 後靠枯樹，依其方位，可論斷何房人丁生病或病逝。若枯樹在屋前，易家運敗落，窮困生病，甚或病逝。

13 後靠兩棟不平行建築物形成夾角煞，應開刀之兆，嚴重者意外傷丁。若有三角形建物之銳角沖射亦同論。

14 後靠天斬煞，代表暗箭難防，易發生被倒財或意外事件。若後靠為屋脊的三角煞，依高低論男女或輩分，須防血光之災。若屋脊低，則易犯小人，婦人容易流產。若後靠圍牆三角形，則應開刀，如圍牆所圍空地呈三角形，亦不利財運，且人丁一代不如一代。

15 後靠庭院造型，如木雕、銅雕、假山水，不利婚姻，對孕婦易有流產現象。若後靠靈骨塔，不利孕婦，亦易流產，八字輕者易因陰氣太重而不利健康，且無貴人相助。

16 後靠寺廟飛簷沖射，或尖銳勾翹的建築物沖射，易發生意外事情。

17 後靠有凹形建築物，不利人丁，尤其不利中男，極易有破財及被倒債的事情。

18 後靠有大樓地下室停車場出入口，不利人丁，易流產、被倒債、破財等。

19 後靠有高架道路或高鐵系統的天橋反弓狀橫過，易產生精神不安。

20 後靠有別人屋頂，高度適中，形似拜堂水，應有暗財。

宅後無靠山之形勢分析

宅後無靠山，表示較無長輩提拔或貴人相助，但若理氣配合得當，亦可白手起家。一般來說，宅後無靠山，其子孫人丁較不旺，尤其是男丁，且做事不積極，優柔寡斷。以下就此形勢格局舉例分析之。

1 屋後平地、前無住宅，如平原之宅，本宅一樓高，可植竹林或樹林當後靠，再配合理氣，則可平安旺丁。

2 屋後陡然下降，如在懸崖邊上，主敗財、中風或意外，若形勢在屋前或左右，亦同論。

3 屋後地勢漸低之斜坡地，表示人丁一代不如一代，錢財空。若地勢下降後再漸漸上升，論財運則先敗後發，論子女則先女後男。

4 屋後地勢如果下陷八十公分以上，則不利財運和人丁，易有中風或意外發生。

5 屋後有人家遮雨棚延伸至本宅，下雨時，雨水或澆花水潑到本宅屋頂，稱之為淋背水，也稱狼狽水，理氣不合，注定一生狼狽，貧病交迫。

6 屋後在河流邊，且十分靠近，彷彿有翻身跌落河中之勢，易被倒債、破產及發生意外，損丁。若在宅之左側有水流往前流出，主多病吃藥，易遇到小偷且漏財。

7 屋後有大面積湖泊或大海，若理氣不當，則不利於健康及財運，且婦人有暗桃花。

8 屋後有低窪水池，或有水車打水之養魚池，理氣配合得當可暫發，但吃藥難免且人丁不安全。

9 屋後有馬路或路沖、巷沖或路箭等，易犯小人，且不利人丁及財運，同時也有疾病的困擾。

10 屋後若有兩棟建築物，形如推車狀，則損丁破財，尤其不利二房人丁。

11 屋後有破舊老房子，則易受長輩連累，無法發揮能力，且不利長輩健康及財運，易被倒債。

12 屋後庭院如果有爬山虎或一些藤蔓，宜防小人暗算，導致是非不斷，官司纏身。若屋後有彎路，則男人易犯桃花，大部分被女性糾纏。

13 屋後竹林如有空缺，不利人丁、家運。

論陽宅龍虎形勢

一般風水學派如九星派、後天派等，很少討論陽宅龍虎形勢的吉、凶、禍、福。坐落在都市或鄉村地區的房子，觀察其陽宅龍虎形勢，就是觀察其周圍的環境及與鄰居相處的人際關係是否正面，是否有情。

陽宅龍虎形勢會影響居住者的人際關係、家庭狀況、夫妻和諧、子女賢孝等，亦可影響財運、健康、壽命、人丁衰旺、桃花及意外事件等。正所謂「遠親不如近鄰」，千金難買好鄰居，所以，陽宅的左鄰右舍屋況，即龍虎形勢，為擇居的重要條件。

・龍長，形勢為漸低的斜坡地，不利財運、健康，或主開銷過大。

・龍長虎短，且龍邊高過本宅一層樓高，虎邊只一間，且低於本宅，或無虎邊，皆不利女主人健康。

・龍虎漸漸高起且長，不呈壓迫之勢，主男女壽命長。若龍略高於虎，及外局龍過堂，有利於人際關係，男主人當家。若龍邊形勢為漸低之斜坡地，主人出名但漏財或開銷較大。

・龍邊高壓，有防火巷隔開而不相接，不利家人健康，若男人中風較無法復原。

・龍虎高壓，與本宅相連，易想不開而自殺，尤其是中男。若本宅與大樓不相連，有防火巷，易中風死亡或發瘋。

・龍邊缺無，男人在家鄉較無發展。若龍邊有圍牆或樹排，外局龍過堂，前明堂寬廣，納氣吉，配合三男或小房居住，可暫時發財，但只發本代而已。

・虎高又長，且龍邊下陷，男人壽短。若龍邊有圍牆或排樹林，只要住的不是長男，可平安一代；但頭胎出丁，則易有夭折的現象，也不利於長輩。

‧虎高又逼，且無龍邊，若前虎頭煞，虎邊與本宅相連，為男主人病死之兆；若有防火巷，與本宅不相連，則為女主人病死之兆。

‧龍邊或虎邊無靠且帶路，往前可見馬路形，理氣不合，可能有官訟是非。若馬路呈彎狀，應男人桃花；若前馬路呈開放狀或分叉路呈開式，應女人桃花。

‧無龍邊又無後靠，但外局龍過堂，則男人無實力、愛吹牛、表現自己、愛唱高調。若有靠山，則理想無人支持。

‧龍長虎缺，前虎過堂，代表女人無實力、愛表現，且喜歡搬弄是非。若虎邊隔馬路，外有房舍，代表女人喜歡外出串門子、嚼口舌、搬弄是非。

‧無龍邊帶路，龍水拖出，若虎邊長，外局虎高過堂，主漏財、吃藥、易遇小偷，生意經常換主人。

‧無龍邊帶路，前樓高於本宅，且暗堂，通常主子女晚婚。若配龍邊帶路無屋，應長女婚姻不順；若配龍邊帶路，馬路外有厝，應次女婚姻不順；若配龍邊帶路，虎邊亦無屋，應三女婚姻不順。

‧無龍邊、虎長，且虎過堂，明堂收拜堂水之收水局，則有利財運，但女人當家，男人忠厚老實。

‧龍邊或虎邊有河流、小溪，不論大小，有湍湍水聲，主女人生病吃藥。如果有防火巷，小於一公尺寬，若理氣不合，易中風或突發疾病而去世。

‧龍長、龍高、龍過堂面前帶切，易出不良少年或帶刀流氓。

如果房子的屋數在九間以內，理氣不合，居中者敗。若外局有收水局配合理氣，雖然可賺些錢，但往往壓力太重。

・龍虎長，龍過堂，前收虎水，配合理氣，宅主出名且賺錢。

・宅無龍虎，或龍虎高於左右兩倍以上之獨立高屋，雖出名但無發展，而且容易破財、倒債、妻離子散、孤獨。

・龍邊水池，含左前方，若理氣合局，雖可賺錢，但生病難免。

・無龍邊且無後山，人丁不旺。

・龍過堂，龍砂斷，例如圍牆開門，理氣不合，開一門傷一口丁，開兩門則傷兩口丁。

・無龍邊且左側有路沖，理氣不合，應長男有意外事件發生，樓上的住戶且難免生病吃藥。

・龍邊空，地勢先低後上，宅前收拜堂水，乃父死子發之象，但必須理氣吉才得應。

・龍邊短，只有三間，且虎長、虎過堂，收陽卦氣，理氣合，只要宅後不空，則主旺丁。所以論人丁，必須配合理氣、房數與形勢關係來看。

・青龍砂長闊高，虎砂高度略低龍砂，為龍抱虎過堂局，形勢秀麗有情不壓迫，則人際關係好，兄弟姊妹手足同心，家庭和諧。反之，虎砂高過龍砂且過堂，則兄弟不合，且容易女人掌權。

・龍長虎短小，外局龍高、龍過堂，形狀呈切面狀或崩狀刀形，應出帶刀流氓。如龍抱虎過堂屋前呈刀狀切下，易發生流血等意外事件。

・白虎方高，有如白虎昂首，形勢高壓，則為奴欺主，女人愛表現及掌權。若白虎回頭，形如勾拳狀，則主心脈系統有問題。若虎砂向外屈出反背狀，代表子女忤逆不孝，且離鄉背井不回。

陽宅內在格局分析

論大門

門在風水上占很重要的地位。

1. 住家大門不宜太大，主漏財，除非有大庭院或做生意所以門全開；若門太小則為人小氣。
2. 大門若有兩扇門，宜左右大小相稱。若為子母扇，平時宜開母扇，常開兩扇門則夫妻反目，且子女福分不均。
3. 大門不宜離地過高，易發生橫禍意外，腳斷受傷。
4. 大門左側，不可看到水龍頭，尤其是利用該水在門前洗車，這樣就像洗錢一樣，主漏財。
5. 住宅有庭院的大門宜設照明燈，除可增加門面光彩外，也有助人際關係。
6. 前後門相通容易漏財。有的市場商店前後都開門，看似生意做很大，但往往錢財進進出出，實際上不賺錢，主屋內不和。
7. 安裝大門時，必須看清楚木紋是順生或逆生。由下至上生的是順紋，由上至下生的是逆紋。順紋門使家宅安寧暢順，逆紋門使家宅反覆多變，不暢順。

8 門的高度要合乎比例，通常以七尺為標準。太高的門會使人做事失去理智和貪婪虛浮，太低的門使人做事失卻信心和諸多挫折。

9 屋內的門盡量避免門對門，會形成此消彼長的情況，也容易有口舌衝突。在獨立的一扇門上不可有兩種或兩種以上的顏色，否則會令人散漫、反覆。

10 屋內盡量避免有圓拱形的門。圓形代表動，家居則宜靜，因此十分不宜。況且圓拱形亦似墳門，十分不吉利。如因為美觀，可改用方拱。

11 大門應向內開而不能向外開。因門主進氣，若是向外開的話，會把屋內祥和之氣送出，主失運、破財。

12 斜門。斜門如不明顯則無妨，若因地形的關係，門斜度很大，則邪事一堆，常惹是非及開刀血光之災等。

13 大門的顏色宜用乳白、象牙白、銀色，或較好的木質材料為宜，忌用深藍色、黑色及紅色等色調。

14 大門前忌有垃圾。大門的進口正方前後，不可擺放任何雜物或垃圾，否則，居住者易生疾病和做事不順。

論客廳

客廳通常是家人聚會、聊天、娛樂的場所，也是接待親朋好友來訪的最佳場所。通常打開大門第一眼看到客廳有緩衝的作用，給人溫馨的感覺。如果一進門看到的不是客廳，而是廚房或餐廳，就又是另外一番感受了。如果一進門看到的是廁所，第一件事就會身不由己地想往廁所跑，久而久之，尚未打開大門可能就會有尿意；這樣的房子住久了，容易罹患膀胱及泌尿系統的病症。所以客廳應是住宅的第一門面

1. 一進大門宜是客廳，位於入門顯要之處，不宜隱於屋後。
2. 客廳和住宅要成比例，不宜過大或過小，隨時保持乾淨整潔。色彩、格調要搭配得當，布置若過度刺激視神經，易造成心理不安。
3. 客廳光線要充足，不論採用自然光或燈光；並宜通風及保持空氣流暢。
4. 客廳擺設需便於走動，若進出走路得拐來彎去，不但諸多不便，對財氣也有很大的影響。擺設水箱養魚，若方位理氣得宜，可催財，但不利身體健康。可放置萬年青或飾以吉祥物等，增加氣氛，促使財氣流暢。
5. 客廳內擺設不能雜亂無章，以適合身分、氣氛溫馨又不失靈動者為佳。
6. 客廳如果有樑柱橫過，就會感覺不舒服，宜裝潢包裝為好。

7 若一入門先經過廚房或房間再到客廳，則家運會日漸衰敗，不吉。

8 客廳懸掛的匾額忌用黑色，易有牢獄之災，且容易造成小孩子行為偏差。若是掛獅型動物圖，以獅頭朝外為宜。

論臥室

家宅中的臥房，就如同人的腦部。腦部所需要的，臥房亦需要，例如氧氣充足、寧靜等。健康又合乎風水的臥房，要注意以下幾點：

1 臥室的衣物、家具或擺設必須整齊，不可凌亂。過期的報章雜誌、多餘的小飾物，都應盡量清理放好。否則會直接影響人的工作秩序，產生本末倒置的現象。

2 臥室光線必須和諧，不能太亮或太暗。白天必須讓陽光照射房內，不能長期不見陽光。否則易使人意志消沉，迷糊不清，做事不理智。

3 臥室的天花燈應盡量離開床的範圍，亦即燈不可壓床，否則易使人有筋骨之損。

4 臥室空氣一定要流通。為減少塵埃，很多人習慣不開房內的窗戶，其實這是很不健康的。一方面容易生病或久病不癒，另一方面會使人遇事固執，容易鑽死胡同。

5 臥室床頭不可對明鏡，會使人疑心病重、惡夢、神經痛。

6 臥室不能有鏡或反光之物直接照床，包括電視機的螢光幕，易使人產生幻覺和心緒不寧，不得安睡。

7 臥室門不可對床頭，否則極易發生神經痛、頭痛等疾病。

8 在套房裡，化妝台明鏡不可對浴室門，否則主夫妻失和、容易發脾氣。

9 床頭不可靠浴室牆，否則易患腰背痛、風濕痛等病症。

10 臥室明鏡不可太多，易令人心神不定、疑心病。

論床的位置

床在風水學上占有很重要的地位。不管是床的方向、形狀、高低或質料，都要十分注意，因為它直接影響我們的身心健康，也間接影響婚姻。

1 睡房不要貼連廚房，易令人生病或久病不癒。

2 床頭後一定要有靠山，不可空虛，最好是貼牆，否則易生幻象，精神分裂。

3 床頭上不可有櫃或橫樑壓頂，易導致頭痛或腦病。

4 套房式的睡房，廁所門要常關，否則易惹官非小人，且不聚財。

5 床的形狀忌多邊形或圓形，最好是四邊形，否則令睡者動盪不安，夫妻間增添隱情和桃花。

6 床不能無腳或貼連地面，否則易使睡者心臟衰弱、疏懶消極。

7 不可睡水床或床褥過軟，會使人好高騖遠、貪慕虛榮，且喜歡製造是非或易招是非。

8 不可睡有磁性的床褥，會令人做事顛倒乾坤、本末倒置，並易招陰靈。

9 鏡不可對照床，最好是與床頭的方向並排，否則易令人生幻覺和精神分裂。

10 床頭忌背門而睡，容易犯小人。如果形勢逼虎又背門，則容易導致情緒不穩、愛發脾氣，且易做惡夢。

11 床若緊貼窗戶，容易犯小人，尤其窗戶後有道路更嚴重，做事易趨保守，三心兩意不果斷。

12 床頭不可斜放在兩牆夾角處，形成床頭後三角形夾角，易引致血光之災，且情緒不穩，破財。

13 床對落地窗，有家待不住，容易往外跑。

14 床忌諱沖到廁所門。依所沖之部位來說，若沖到頭則易得高血壓或脖子僵硬，沖到胸部則易患肝、膽、心臟病，沖到腹部則易患腸胃系統的病變。

15 床前如有豔花盛開，易生風流。若窗外正對煙囪，則應中風、高血壓之病症。

論神明位

由於現代人居住空間愈來愈小，無法像過去一樣有大廳或佛堂安置神位，所以現代人家中有供奉神位的也不及老一輩多。神位方向一般宜與屋同向，向外收明堂之景觀。神位樓層明堂不可面對大障礙物，如柱子、電線杆、路沖、水塔、巷沖等；所朝明堂宜寬敞。明堂方向如有傷破，也可把神位安在屋子兩側，取龍強虎弱龍過堂為原則，其次是避開宅內有傷破及主事煞方。

1 神桌在安置上宜緊靠牆體，不論空隙大小都易造成財空。

2 神位忌安置在兩牆的夾角尖處，易發生血光之災或意外。

3 神桌後面一定要有牢靠之牆，最忌諱牆後面是樓梯或走道、馬路。神位在二樓以上者，忌諱背後是空地，即靠山要實在。

4 神位安置不可緊靠右牆，否則逼虎傷人，易造成女主人生病。

5 神位忌正對別人家屋後排油煙機，容易招致意外。

6 神明廳深長者，易出城府較深、個性陰暗之人。神明廳淺，易出心胸開闊、沒有心機之人。

7 神位下方忌直對及擺設電視、音響，易發生口舌是非，且容易造成家中小孩氣管不好。也不可放置小型冰箱或椅子等雜物。

8 神位安置形勢虎過堂，且前有帶拳之柱昂頭，應家中不合；做生意的話，應股東、人事不合。

9 神位忌正對走道之沖射，包括屋外路沖，易發生官司。

10 神後面不可設夫妻臥室，尤其是床頭，應漏財。

11 神位之桌底下方不可放置任何物品更忌諱雜亂無章，易發生腳踝及關節方面的病變。

12 神位忌諱安置在牆面正中央，易造成緊張且帶煩惱；若神位與宅反向，應家中意見不合。

13 神位忌面對人家屋脊之虎頭煞，易導致病吃藥。若該屋脊為紅色，應血光之災；若對三角屋脊並排，應開刀血光之災。

14 神位忌正對大樓地下停車場出入口，應愛賭且財空。若對拱形、半圓形之出入口，亦同論愛賭。

15 神位忌面對高架橋如鐮刀狀反弓，似腰斬狀，易有血光之災，且財不聚攏。

16 神位忌後面對牆角或尖角，形如壁刀或尖角煞，應血光之災，口舌是非。

論鏡子

「鏡」是家庭必備之物，在風水上也很有講究。「鏡」能收、能放，用得其所能增福增運，反之則損福破運。

鏡子通常是用來觀照儀容的，也有人用來裝飾家居，用鏡做牆或天花板等。其目的在擴展視野或增加照明度。這些用途都是無可厚非的，只是要明白一點：因為我們可在鏡中看見影像，包括自己的樣子，如果家裡放太多鏡子，會令我們在視覺上有糊亂的感覺；在精神衰弱或不集中的情況下，更容易令人產生幻覺，影響我們的精神。要注意以下幾點：

1. 大門不可使用有鏡子效果的金屬，有的話，面積也不可太大。
2. 鏡子不可直照大門入口。
3. 鏡子不可直照睡床，最好是與床頭並排。
4. 盡可能把鏡子藏在櫃內，要用的時候才把櫃門打開。
5. 電視機螢光幕也等於是一面鏡，最好不要直照睡床。

論掛鐘

「鐘」也是居家必備之物，除其本身之作用外，也有人用它當作室內裝飾。在居家風水上，鐘有何效用呢？鐘有轉動之意，有去舊迎新的功用，也有反覆變動的效應。因此，鐘的擺放亦須講究。

1. 主鐘只需一個，每個房間內的小鬧鐘亦不可超過一個。屋內的鐘如果太多，會使宅內安祥之氣不定，居住者也常會有反覆多變的煩惱。
2. 宅內的鐘宜用方形，盡量避免用圓形、三角形、六角形或八角形等。圓形的鐘會使居住者不安於室，其餘形狀的鐘則會牽起是非爭拗。唯獨方形鐘最顯安祥。
3. 睡房內的鐘不可大，大則使人心緒不寧，坐立不安，聚少離多。

4 面積小的住宅，不宜擺放大笨鐘，一方面喧賓奪主，且鐘聲亦是種聲煞，使人有恐懼之感，並且產生「空」的效應。

5 鐘宜掛在吉方而面對凶方，可把對面的凶物擋住並且轉走。

論洗手間及浴室

古時茅廁為避免臭氣薰屋，多設於後院或屋外，因此沒有特別限定。現今廁所多設於屋內，忌諱就多了。

1 廁所宜坐落屋宅的凶方，而凶方亦不宜坐落南方。因為廁所屬水，南方屬火，水火沖剋，對居住者必定不利，不是多是非、疾病，就是多破財、見血光等。

2 廁所門要常關，不可讓穢氣流出屋內。穢氣是種氣煞，破壞力很強，可減低人的運程，使人思想凌亂，疾病叢生。

3 廁所內要有抽風機，把廁所內的穢氣抽出街外，減輕氣煞的禍害，亦可保持廁所空氣清新、乾爽。

4 廁所門不可對沖廚房門，否則會引致水火相沖。

5 廁所不可設在廚房內，易使居住者發生疾病，或久病難癒。

6 套房內的廁所因設在睡房內，尤為嚴重，務必遵守以上幾點。

7 浴廁水龍頭宜保持正常狀態，最忌漏水，否則容易漏財。
8 浴廁門沖床則多病痛，病症可依所沖人體之部分而論，如：沖床頭則主頭痛或高血壓。
9 浴廁門忌沖書桌或辦公桌，否則坐該位子的人將坐立不安，且做事精神不集中。
10 浴廁門最忌沖神位，主犯小人、多是非，事業不順且漏財。
11 浴廁門忌沖金庫或營業場所之收銀台，否則易漏財或破財。
12 廁所不宜蓋在房屋中心。
13 浴廁地點宜隱蔽。
14 浴廁不宜改為睡房。

論廚房

廚房的位置和擺設，在現代家居風水中占很重要的地位，因為它主管一家人的健康、子嗣和財富。

如何打造一間吉利的廚房呢？

1 廚房最好設在屋子南方，其次是東方或東南方。切忌蓋在北方、西方或西北方。
2 廚房不可在主臥室隔壁。
3 廚房內忌有廁所，或廚房門與廁所門相對。
4 廚房火爐不可對到大門。

5 廚房空氣要流通，除了抽油煙機外，最好還有抽風機，好讓空氣流通並降低廚房溫度。

6 廚房應保持乾爽，濕氣不能太重。

7 要量避免廚房入口正沖灶口。

8 灶頭（瓦斯爐）上要有足夠的空間和高度，不能太過壓灶。

9 廚房內的刀和利器不可外露。

10 陽台走道不可對火爐。

11 廚房內的光線要充足，最好有陽光照射。

12 廚房火爐不可正對冰箱。

13 廚房火爐不可正對臥室門。

14 廚房裡不可放置太多電器用品。

15 廚房內最重要的一環，就是水龍頭不可與灶頭同一位置，或對沖灶頭。但亦需與居家設計相配，很難有一個固定的模式。最大的原則就是火先水後，或火高水低。

論顏色

科學實驗證明，顏色對磁場可產生影響，甚至可改變人的行為和傾向。居家風水也很講究顏色的配合：

1 天清地濁：天花板的顏色應盡量淺，通常以淺白色為主，同時地板的顏色要比天花板深。要是相反的話，居住者做事會顛三倒四、本末倒置、反覆不定。這是與大自然天清地濁相應的道理。

2 牆壁顏色應在天花板和地板之間，比天花板深而比地板淺。天花板的顏色代表天，地板的顏色則代表地，牆壁的顏色代表人。天、地、人合一而和諧，是人類生存的至理。所以，如果牆壁顏色比天花板和地板深而突出的話，那就代表居住者做事膽大妄為，不依規律，並且好大喜功。

3 一道牆上可有兩種顏色，但只能上下不同，不能左右不同。而四面牆上，顏色不可超過兩種，否則易使人做事紛亂、進退失據。

4 不可用單紅色或黑色做為室內主色，亦即不可使室內太紅或太黑。太紅、太黑都會使人做事極端、衝動和不守禮教。

5 不可用太多紫色和蝦肉色，易使居住者桃花氾濫，色欲無禁。

10 陰宅風水學基礎精要

陰宅風水的基礎知識

陰宅總論

大家都知道，祖墳和住宅如果得地利就會心想事成，沒有地利則事與願違，事倍功半。如果墓地凶而住宅吉，後代尚有官做，要是墓地一般而宅地凶，那後代連溫飽度日都成問題。如果墓地、宅地都吉利，子孫後代就會榮華顯赫，要是墓地、宅地皆凶，後代子孫恐會流落他鄉，嚴重者斷後絕嗣。

死者入土後，墓地的穴氣就會與死者本身的真氣結合而形成生氣，透過陰陽交流的途徑，影響在世親人的氣運。陰陽二氣，呼出來就成為風，升上天便化為雲朵，降下來就成為雨，在地下流行的就成為生氣。生氣在地下流行，生發時就能養育萬物。活著的人都有陰陽二氣，死後肉體雖消失，陰陽二氣卻依舊存在。活著的人，氣聚凝在骨，人死骨未滅，所以氣還是活的。因此下葬時，要找一個有生氣的陰宅，使生氣結合不死的陰陽二氣，以保護在世親人。

所謂「氣」，「乘風則散，界水而止」，被風吹就會散失，遇水就停止流動。古人懂得重視聚氣使之不散失，並以水限制它的運行，因此這門學問就叫「風水」。風水的法則，以得水藏風為最佳，因為即使有盛大的氣，也得要有聚集的地方。故經云：「水流土外謂之外氣，氣藏土中謂之內氣。故必得外氣形橫，則內之生氣自然止也。」外氣橫行成為界水，土內生氣自然止聚，說的正是這個意思。

經書又說：「淺深得乘，風水自成。」土為生氣之母，有土才有氣。氣是水之母，有氣才有水。所以藏在乾涸燥熱的地方的氣要淺，藏在平坦地帶的氣要深。

三合九星水法

乾甲離壬寅戌山時，在二十四山坤、壬、乙上起貪狼；

坤乙坎癸辰申山時，在二十四山艮、丙、辛上起貪狼；

艮丙震庚亥未山時，在二十四山巽、庚、癸上起貪狼；

巽辛兌丁巳丑山時，在二十四山乾、甲、癸上起貪狼；

（其順序為：貪↓巨↓祿↓文↓輔↓武↓破↓廉。紅字為吉星。）

看來水、去水的吉凶。水在吉字上是吉水，在凶字上是凶水！

例如：水出辰，左水到右，立哪幾個向為合適？

此為申子辰水局（辛壬會而聚辰）。地理五訣云：水出辰（叫水入庫），左水到右，立正旺向和自旺向。

（一）旺龍時，立正旺向

壬的「長生」在申，所以「帝旺」在壬子，即立壬子向：午山子向和丙山壬向。

❶ 午山子向

乙為坤的納甲，坤的洛書數是一，單數為陽，所以乙為陽去水。辰為坎的納甲，坎為七，單數陽，辰為陽去水。又因壬是離的納甲，離為三，單數為陽，即壬陽來水。子為坎的納甲，坎為陽，故子為陽向。根據「陽水、陽向↓陰去水」，不符水法要求。

立向：立子向兼壬二度（為借祿）。坐丙午向丙子。坐財向財；坐張七向危四。

玄空風水學認為，八運午山子向：雙星會座，生氣到向，吉凶各半。盡量不用，別無選擇時用替卦！

❷ 丙山壬向

前已說明壬為陽，即陽向，根據「陽水、陽向↓陰去水」，也不符合水法要求。

立向：立壬向兼子二．五度（為迎祿），即坐張十六向危十三，坐辛巳向辛亥。

玄空風水學認為，八運丙山壬向：雙星到向，次運入囚，大凶。盡量不用，別無選擇時用替卦！

3 分析

《地理五訣》認為，此向名為「三合聯珠貴無價，楊公救貧進神生來會」旺水法；「玉帶纏腰」金城水法。大富大貴，忠孝賢良，男聰女秀，夫婦齊眉，房房相似，發福綿遠，「申子辰，坤壬乙，文曲從頭出」，即此是也。

（二）立自旺向

水的長生在申，帝旺在子。水的帝旺壬子順轉九十度，在水的「死」上，叫「化死為旺」自旺向。

立甲卯向：即坐庚向甲和坐酉向卯。

1 坐庚向甲

甲是乾的納甲，乾為九、為陽，即甲陽向。乙辰為陽去水，陽向↓陽去水，不符合水法要求。

立向：立甲向兼卯二．五度（為迎祿），羅盤上坐畢三向尾一度（財），坐庚申向庚寅

玄空風水學認為，八運雙星會向：人丁不旺。盡量不用，別無選擇時用替卦！

2 坐酉向卯

卯是震的納甲，震為八，雙為陰。陰向↓陽去水，符合水法。立卯向兼甲二．八分（為借祿），坐丁酉向丁卯（坐昴五度，向房三度）。

玄空風水學云認為，八運雙星會坐：盡量不用，別無選擇時用替卦！

❸ 分析

《地理五訣》云：「此為借庫消水自旺向。」合「惟有衰方可去來」楊公救貧進神水法，發富發貴、壽高丁旺；若艮水來朝，合「三吉六秀向水法」。

八個長生

四陽長生：甲的長生在亥，丙的長生在寅，庚的長生在巳，壬的長生在申。

四陰長生：乙的長生在午，丁的長生在酉，辛的長生在子，癸的長生在卯。

龍上八砂（也叫向上八砂）：坎龍坤兔震山猴、巽雞乾馬兌蛇，艮虎離豬為煞曜、宅基逢之一旦休。

正生向的作用

名「三方吊照」正生向。符合進神救貧水法，旺去迎生，富貴之期驟至。「玉帶纏腰」金城水法。書云：「十四進神家業興。」主妻賢子孝，五福滿門，富貴雙全，房分均勻。書云：「生與旺而同歸，人共財而咸吉。」

正旺向的作用

《地理五訣》云：「三合珠聯貴無價。」符合楊公救貧進神生來會旺水法，「玉帶纏腰」金城水法，大富大貴，忠孝賢良，男女壽高，房房相似，發福綿遠。若得旺山肥滿，旺水朝聚，富比石崇。

水局旺向——申子辰、坤壬乙，文曲從頭出，即是此也。

木局旺向——書云：「亥卯未，乾甲丁，貪狼一路行。」即此向。

土地穴位的方位選擇

受客戶之託去他的老宅看陰宅風水。他們的祖先竟然葬在正對自家陽宅大門十多公尺處，也就是「開門見墳」的格局，先不談巒頭，光是理氣就大錯特錯。在多年的陰宅勘測中，總結出一個經驗是，大陸居民百分之九十的陰宅竟然沒有水口，沒有水口就會導致子孫後代不出顯貴之人，而且後代容易發生亂事。

那麼應該如何選擇穴（墓地）的方位呢？首先，應該明確穴的來水與去水方位，根據此方位來確定穴的大致方位。再根據穴的坐向及分金五行配合，確定其準確方位。這樣的穴位既符合陰宅風水的形勢，又符合理氣學說，使其墳墓更加符合風水要求，更能庇蔭子孫後代。

如何為先人選擇墓園？

現代都市人埋葬先人大都選擇公墓，因為既方便也環保。多數人都會認為，公墓一排接著一排，呈密集排列，所以風水上對後代的影響也一樣！其實，這種觀點是不對的。就算是在同一片土地上建的公墓，從風水的角度來說也有好壞之分。只要方位不同，風水便有吉凶之別，有時候方位差那麼一點點，吉凶就相差十萬八千里！

那該如何選擇墓園的風水地呢？

首先，從巒頭方面考慮：墓園風水的龍脈從何地來？龍氣沿什麼方位行進？所選擇的風水地必須是龍氣能到的方位。

第二，要看墓園的風水有沒有主山、少祖山、祖山等。現在的公墓，有些根本沒有主山，更別說祖山及龍脈、龍氣。一個好的墓園風水，主山、少祖山、祖山等是缺一不可的。

第三，墓園的青龍山、白虎山、護山、案山、朝山、水口山也是必須考慮的重點。

第四，墓園風水的明堂也非常重要。明堂的大小、高低，水的方位、遠近等，綜合考慮各方面因素，相互平衡，根據風水原理，便可初步確定墓園風水地的位置。

墓園的巒頭定位好了，便可進一步看看該地是否符合風水理氣。風水理氣主要考慮該地是否符合所葬之人的八字仙命，及坐向分金如何，各房砂的方位如何，水的來去方位及如何選擇放水方位、后土神方位、各方沖煞等。

陰宅風水的改造與補救

所有的方術，基本上都是趨吉避凶術。風水家眼裡的風水寶地，必須背靠主山，山環水繞；主山來龍深遠，氣貫隆盛，左右要有山脈且呈擁護之象，或左右前後另有砂山護衛，這樣才能藏風得氣；前面要有水相繞，且水流不宜湍急；天門要開，地戶要閉，這樣才能得水存氣。這就是理想的風水模式。

可是現實世界不可能處處皆是風水寶地，缺陷更是常有之事，擇吉避凶有時難以圓滿，於是古人便想出改造地形，彌補缺陷，使之趨於完善的方法。

改造彌補的方法，多數都在藏風與得水方面做文章。「藏風」最常用的具體方法是培龍補砂。若來龍地勢低平，砂山殘缺，不利於藏風，則需要人工添土，填高補滿，使龍砂藏風養氣。

對水的改造是多方面的，目的都是為得水。如果基址本身缺水，就在適當的位置開渠引水進來，使基址得水。如果本身有水但是不理想，太湍急或不相抱，或有沖射之態，也有相應的辦法可改造，如築堤壩使之平緩，或開挖河道使之改向等。

陰宅風水的五大富貴格局

先逝之人一九三八年生，仙命為土，適合葬的山向以火、土山頭為最佳（此山頭指的是洪範五行山頭）。例如：乙山（火局）辛向，而分金以辛卯分金為上；若水口得以開在乾位，此為天醫巨門水口，其後代子孫容易出官員、法官、醫生。

先逝之人一九五二年生，仙命為水，適合葬的山向以水、金山頭為最佳。例如：戌山（水局）辰向，而分金以戊戌分金為上；若水口得以開在乙方，此為生氣貪狼水口，其後代子孫定將發財致富，一生福祿，人丁興旺。

先逝之人一九五六年生，仙命為火，適合葬的山向以火、木山頭為最佳。例如：卯山（木局）酉向，而分金以辛卯分金；若水口得以開在酉方，此為延年武曲，其後代子孫一生富貴無憂，長壽少災禍，子孫慈祥。

先逝之人一九二八年生，仙命為木，適合葬的山向以水、木山頭為最佳。例如：甲山（水局）庚向，而分金以庚寅分金；若水口得以開在申位，此為生氣貪狼水口，其後代子孫定會發財致富，旺業添丁，富貴雙全。

先逝之人一九六二年生，仙命為金，適合葬的山向以金、土山頭為最佳。例如：亥山（金局）巳向，而分金以癸亥分金；若水口得以開在巽位，此為天醫巨門水口，其後代子孫定會財富豐隆，人丁興旺，富貴悠長。

當然存在極少數例外，例如：若當年五黃方在東，就不能葬在坐山為東的山頭。

陰宅風水問答

（一）觀陰宅墓地時，羅經指針亂動，此地是否為凶地？

羅經亂動，主要因為地球磁場不斷變化而產生，這有多方面的原因，如：地下有地下水流過，有礦物，或有陰邪聚居是大凶之地等。羅經指針發生異常變化，一般論此地不吉。幫人做風水，在放屍靈時，下羅經指針不動，可能亡者死因別有內情，用過的羅經以後不準，應當更換。

（二）修陰宅時，若有不吉的外應，此地是凶地嗎？

一般修陰宅時若遇到不吉外應，此地的確為凶地，最好另擇一地。如無法另擇，也應當及時化解此地的凶殺，先找出主要原因，化解後才能再用。否則將會影響後代子孫。

（三）坐山是否因亡靈的男、女性別而有不同作用？

通常坤、巽、乙、丁、癸這五個坐山，對女性亡靈作用最大；乾、艮、甲、庚、壬這五個坐山，對男性亡靈作用最大。一般有名的古墳絕大多數都合此理，這是我本人的主要用法及觀點。

（四）修建山墳時，每一坐向與亡靈間是否有不同的作用力？

一般做山墳用四維與六干，即乾、坤、巽、艮、甲、乙、丁、庚、壬、癸這十個坐山，發福最易，也比較平穩。丙、辛二山絕對不用。通常也少用地支坐山，除非是為子孫眾多或做官的貴人建山墳時，才用地支立向。用地支立向的山墳發福最遲，但作用大，用之不當則禍來較深。一般功力不夠的地師與初入門的地師，用四維與六干幫人修建山墳和住宅最好，功力較高的地師才可用十二地支與丙、辛二山建山墳與陽宅。

（五）有的墳墓立有后土龍神，請問后土如何立？

后土實際上是墓的鋪星，讓墓不孤獨而有助，讓後代子孫也不孤獨。一般群體墳地不用立后土，其他墳地可立，如下：

子山：后土立乾。丑土：后土立甲。
壬山：后土立戌。艮土：后土立卯。
癸山：后土立亥。寅山：后土立乙。
甲山：后土立丑。辰山：后土立丙。
卯山：后土立艮。巽山：后土立午。
乙山：后土立寅。巳山：后土立丁。

丙山：后土立辰。未山：后土立庚。
午山：后土立巽。坤山：后土立酉。
丁山：后土立巳。申山：后土立辛。
庚山：后土立未。戌山：后土立壬。
酉山：后土立坤。乾山：后土立子。
辛山：后土立申。亥山：后土立癸。

（六）風水中的陰宅石碑如何立為吉？

石碑應與屍靈坐在同一坐線上方吉，如石碑與屍靈的坐向不在同一卦中為大凶亡，不同在一坐山上為小凶亡，不同在一分金上為偏房。石碑的立法有兩種，一種是陰碑立法與陽碑立法，立在屍靈前的為陽碑，立在屍靈後的為陰碑法。一般坐在龍腰上結穴與明堂歸聚可立陰碑，群體墓地、在穴星側面取穴，或明堂散亂者，取陽碑法。有的墓碑被鏟倒在一邊，可趁每年清明節去把石碑修正。

（七）一個家庭都有很多代的祖先陰宅，其作用是否都一樣？

通常以最近三代直系親屬為準，其他的作用不大，最近的占六成，次近的占三成，再次的占一成。

（八）相陰宅用地應注意哪些要點？

1 前面不能見紅，包括開山或破山出現紅土在前方對照。

2 前面左右不能見到破物，如山的怪石破頭，開礦的破頭。

3 前面不能有沖射物，如路沖、屋角的沖射。

以上幾點，如屋前或墓前有即見凶。

（九）風水有所謂「沖師煞」，是什麼意思？

因每位風水師的屬相不同，煞也不同。沖生年的坐山即為沖師煞，例如地師屬子，則子山午向為沖師煞，這位地師一生不能修子山午向的山墳和住宅，看子山午向的陰宅、陽宅也不可以。遇到上述情況，千萬不要出聲，應立即離開此地。

如果觀風水時遇上陰邪，或傷及眼睛，或傷及身體，該如何化解？應當每年春節時，用拜過祖先神的年桔，留下桔皮，收藏好，遇上陰邪時用桔皮浸水洗眼或身體，陰邪即去。

（十）當陰宅出現偏房的現象如何調整？

出現偏房的現象，主要是地局本身與分金都出現偏房，沒有調解辦法。如強行調整屍靈的坐向分金，或調整石碑的分金，不但無效果，也會立即現凶兆。古人一般取另一陰宅去補所偏的房分。

11 陽宅風水常見問題

01 （一）裝潢常見的風水問題

別墅建築與室內設計應注意哪些事項？

1 別墅形狀，利於方正，不利歪斜。特別是西南、東北為財方和子孫方，西北乾位屬於男主人，一家支柱，官祿位不可損傷；書房、臥室特別要注意方正，不可缺角。臥室應小於三十公尺見方，過大會讓居住者產生孤獨空曠和恐懼感，且不利聚氣，有空虛感，長期下來不利身體健康。讀者可參考北京故宮養心殿的皇帝臥室，也只有不到二十公尺見方。臥室利於密封，不利敞開，如落地窗面積過大，易令人精神恍惚。

2 電梯門、大門及各個房門之間，不可門門相對，會造成兄弟家庭不和。通常別墅多在郊外，山風刺人，特別在秋冬季節，長期有風不受阻擋在門門之間快速流動，會對老人、孩子等身體虛弱的人造成傷害。門不可與樓梯相對，廁所、廚房門不可對大門，以防產生消化、呼吸系統疾病。大門不可對床，易產生睡眠障礙。

3 注意灶位，這是家庭關鍵所在，關係到全家人的健康。灶位不可壓樑，不可見床，不可對廁所。灶不可放在宅主五行的凶位，不可與水沖照；廁所不可在廚房樓上。

4 床是人停留最久的地方，人的一生有三分之一的時間都在床上度過。床位除了要注意前文所說幾點，還要注意應該放在臥室的天醫、延年、生氣方位。

5 廁所不可在任何住宅的正東面，否則長期下來，家中長子容易出現事端。

02 書房布置要點

1 書桌不可正對房門。

2 座椅上方不可壓樑。

3 書桌不宜太靠近床。

4 座位不能背對房門。

5 書房垃圾要勤於清除，避免污穢文昌。

6 書房光線宜亮。

7 書房不宜擺放玩具、玩偶，或貼掛明星畫像。

8 書桌宜保持整齊清潔，桌亂心亦亂。

9 書房門不可對廁所、廚房。

10 書房宜設在文昌位。

11 文昌位會依流年而不同，若當年要考試，則宜配合流年的文昌位，再另外請明師指點。

03 安神位要點

1 神位方向不可朝內。

2 神位不可與房屋坐向相反。

3 神桌高度宜合文公尺「財」、「本」吉位。但神明高度不拘。

4 神位不可正對廁所、廚房、臥室。

5 神位前面不可擺設魚缸、鏡子。

6 神位下方不可擺設音響、電視。

7 神位不可在樑下。

8 設神位宜每天誠心燒香，並勤加擦拭桌子。

9 神位後面不可是廁所、廚房或玻璃牆。

10 神位下方不可堆垃圾或放置垃圾桶。

⓫神像前不可有吊燈遮住視線。

⓬神位前不可曬衣服。

⓭神位前上方日光燈不可直沖神像。

⓾供奉的神尊或佛像不可太多，有破損時宜速修補。

⓾神位不可沖對柱子、牆角、屋角。

⓾神位下方不可有坐椅。

⓾清理香爐時，不可任意移動。

⓾神桌上不宜擺藥品、雜物。

04 玻璃裝飾品的風水禁忌

不同的風水問題，有不同的解決辦法。有些家庭為擴大空間感，把臥室和客廳之間的牆打掉，換成玻璃牆。從風水來講，客廳是賓客活動的區域，屬於陽，而臥室是主人休息的地方，屬於陰，如果使用玻璃牆隔間，變成一眼望通的格局，客廳、臥房一覽無疑，毫無私隱，這就是陰陽失衡，易令人情緒不穩，精神恍惚。

有些年輕的小夫妻剛結婚，喜歡把主臥室的衛浴改成玻璃隔間以增加情趣。雖然年輕人喜歡這種設計，但是從風水的角度來看同樣不宜。因為廁所無論如何都是有煞氣的地方，屬陰，應該隱蔽起來，所以要用實牆，不能用通透的玻璃牆。

有些豪宅、別墅會採用玻璃地磚來鋪設地板，並在其中設計圖案以作裝飾。但是因為玻璃通透，不能給人「腳踏實地」的感覺，所以會讓人欠缺安全感。客廳或臥房中的地面必須穩實，所以玻璃地磚並不適合在家裡使用。

玻璃牆飾也是近來設計師喜歡用的手法，一來可擴張室內的空間感，二來富於變化，往往給人驚喜。從風水上來說，玻璃牆飾是可用的，但有一個原則：一定不能對床。此外，玻璃牆飾必須靠實牆設置，才不會令空間虛實不明。

總之，家裡的玻璃裝飾不宜過多，實際運用要視房屋結構而定。

05 家具布置要點

掛鐘

從風水角度來看，有些門廳及房間掛鐘是必須的，特別是綜合辦公室，更應該掛時鐘。在這些地方掛時鐘有五大作用：一是招財進寶，二是避邪氣，三是助主人運勢，四是管理部下，五是計時。但掛鐘的時候也不能隨便找位置，若掛錯地方就會適得其反。一般而言，時鐘的正面不能向內，向門或陽台的方向最好。

養金魚

金魚常被稱為風水魚，可彌補居家風水的缺陷，且令住宅充滿活力，生機勃勃。須注意的是：魚缸大小要適中，周圍不可堆放其他雜物，且不能正對灶位，因為灶位屬火，與水相剋。再則不能有死魚，魚缸上也不可以擺財神像，因為魚缸的水流動會讓財富不穩定。

個人不建議用養金魚的方法來催財，因為每年的流年都不一樣，財位也不同，今年的財位不見得是明年的財位，若不嫌每年搬來搬去換方位麻煩，倒也可以。

綠色植物

室內擺放綠色植物是好的。客廳可放置富貴竹、發財樹等，象徵活力，並可製造氧氣，對居家環境有益。不必強求四季鮮花，但必須常綠常青，如有枯萎應立即更換，以免影響運勢。

門窗

不管房間住不住人，房內的門窗都應該常開常關，讓空氣盡量流動更新，所謂「流水不腐，戶樞不蠹」。另外，大門門縫不可過大，否則容易洩露財氣。

房間顏色

房間顏色以白、黃、淡藍、淡綠為佳，木色亦可，忌用黑色，少用灰色。天花板的顏色宜輕不宜重，因為天花板象徵「天」，當然要用輕色調，通常以白色、淡黃色和淺藍色為主，象徵藍天白雲。地板顏色則宜稍深，以符合天輕地重之論。

06 翻修裝潢舊屋應注意哪些問題？

傳統風水要求舊屋應三十年一小修，六十年一大修，名為「續氣」。可見房屋的修繕，對氣的流通和陰陽平衡是非常重要的。破損的門窗，失修而雜亂的客廳與臥室，廚房、浴室的阻塞水管，都像病人的身體需要治療。

門的維護和保養極其重要。門就像人的嘴，主納氣，所以必須容易打開，否則老是使勁開、關門所發出的碰撞聲，加上尖銳的咿呀聲，不但會分散室內之氣，還會損害居住者的體氣。要防止兩房門互相碰撞發生吱呀之聲，這些都會傷氣、損財。

窗戶猶如人的鼻孔，一樣會影響到居住者的健康，也要及時修復。門窗年久失修就像一個人的口鼻有病一樣，不是傷風感冒，就是口鼻生瘡，居住者都會感到不舒服。

另外，漏雨的屋頂也要及時修復。總之，一幢房子，總是由新到舊的，少則三、五年，多則七、八年，總要把住宅翻修一次，這就是「續氣」，就像為病人治病、療養一樣，會為居住者帶來好運氣。

07 風水從陽台做起

陽台是住宅最接近大自然、最空闊的地方，飽吸戶外的陽光、空氣及風水，是家居的納氣之處，吉氣和凶氣均在此川流往返。若想風生水起好運來，提升家運與健康，就要重視陽台的布局。

東南方陽台種植物旺文昌

許多人喜歡在陽台種植色彩鮮豔的花卉。但陽台適不適合種植物，跟所處的方位有很大關係。最適合種植物的是位於東南方的陽台。東南方為文昌位，文昌喜木，因此東南方的陽台可多種一些高大粗壯、葉大而青、有生旺作用的植物，能夠催旺文昌，尤其有利於從事寫作、策畫等文職工作的人，對家中長女的學業也有幫助。但是，位於西南與東北方的陽台就不適合種植物，否則對家人的腸胃與運程會有不良影響。在西南方陽台種植物，還會連帶影響女主人的運程，東北方則會影響孩子的學業。如果一定要在這兩個方位種東西，可種一些紅花植物，以火來化解木氣。

少放雜物，保持開闊明亮

陽台式住宅與外界接觸的重要空間，是住宅納氣的重要通道。許多人喜歡在陽台堆放雜物、洗衣機等，這樣不僅影響到空間的美觀、舒適，還會破壞家庭的運程。陽台最好不要堆積雜物，並且要經常清潔，保持開闊明亮。在陽台種植物、晾衣物要注意不能遮掉光線。

利用植物化解不良環境

由於陽台是家對外聯繫的重要氣口，因此，也要注意迴避或消除來自內外環境的不良影響。

對內，陽台最好不要正對大門和廚房門，這種不良格局在風水學裡被稱作「穿心」，容易財來財去、不聚人氣。最好做一個玄關櫃，擋在大門和陽台之間；或在陽台和廚房之間，以不影響行動為原則，擺放櫃子或屏風作為遮掩。如果空間不適合做玄關，可將陽台落地窗的窗簾長時間拉上，也能起隔斷作用。

對外，如果陽台外有路沖、屋角、尖塔等沖射，或正對醫院、廟宇等，必須採取化解措施，可用八卦鏡、獅子、貔貅、銅龜等常見的化煞吉祥物。要特別提醒的是，若陽台對面近距離有住宅，吉祥物使用不當就會造成「鬥風水」的情況，於己於人都很不利。這時，可在陽台種植有化煞作用的植物，如仙人掌、龍骨、玉麒麟、玫瑰、杜鵑等，這類植物多為幹莖或花葉有刺，可沖頂不吉之氣，有化煞鎮宅的作用。

08 主臥室的八大風水要點

1 主臥室最好位於西北。西北是乾卦之位，為最佳選擇，因男主人在家庭地位以乾卦象之，乾居乾位，是為得其位也。女主人以坤卦象之，坤居乾位，其重卦為地天泰卦，泰者通也，象徵夫妻和睦、家運通暢。

2 主臥室宜在房子後面，有掌控全屋的感覺。這和重要主管或指揮官通常都坐鎮後方較易掌控全局，是一樣的道理。

3 主臥室不宜太大，或大於客廳，或房中有房。現在很多住家都在主臥室裡配有洗手間或衣帽間，這對身體健康是不利的，尤其會產生避刀煞。臥室太大、太亮、窗戶太多，容易沖散風水之氣，致使陽氣不足，而孤虛之陰氣過多，則夫妻感情易冷卻、不睦、爭執。反之，氣聚則夫妻情濃恩愛。一般而言，主臥室的大小，以床前的空間不超過一個床的長度為準。

4 主臥室不宜比小孩的房間小。空間的大小象徵尊卑地位，小孩的房間若大於主臥室，則似乎主權落在小孩身上，父母反而要聽小孩子使喚，大人在家庭的地位亦不彰顯。

5 主臥室不宜尖斜不正，或牆柱之角太凸出，否則夫妻易有口角、為小事情起爭執，影響夫妻和睦。宜用裝潢化解之。臥室形狀不宜斜邊凸角，以方正為佳。斜邊易造成視線上的錯覺，多角容易造成壓迫，增加精神負擔，長期下來容易罹患疾病及發生意外。

6 主臥室不宜太陰暗。雖然風水學說「明廳暗房」，但若房間窗戶太小或沒有窗戶，則空氣不對流，陽光不易進入，致使陽氣不足，氣滯不暢，易使人頭痛昏沉、脾氣暴躁。

7 主臥室門不宜正對孩子房門。門猶如人的口，口對口，易有爭鬥之象，小孩較會頂嘴不聽話，且自主性較強，大人在管教方面要多注意，或在房間做屏風玄關，使兩個房間的氣流不要直射。

8 主臥室內不宜擺設凶猛的掛畫或標本如老虎、老鷹等，亦不宜擺設尖銳之器物如刀、劍，或尖銳之盆栽如鐵樹、仙人掌等。萬物有其形即有其象，有其象即有其意，所以若在主臥室裡擺設凶猛尖銳之物，即暗寓夫妻關係不和，易生爭端。

09 廚房裝潢宜忌

正在為新居裝潢的朋友，一定要注意廚房的風水知識，別讓錯誤的布局影響了新居的風水。

1 灶不可照鏡。灶，也就是瓦斯爐，前面不可照鏡子，因為鏡子會阻擋財神。廚房有鏡子的話，千萬不要照到瓦斯爐。

2 不可在廚房洗澡。灶神保佑家庭，在廚房脫光衣服洗澡，對灶神很不禮貌。

3 灶不可壓樑。瓦斯爐上面不可有樑，不過瓦斯爐上面有吸油煙機的話可化解。

4 灶後面不可是窗戶，最好是實牆。如果瓦斯爐後面是窗戶代表沒有靠，那麼財庫也無依無靠。

5 灶不能正對廚房門。廚房門正對瓦斯爐，風水學中稱為財露白，因為瓦斯爐是財庫，開門直接看到瓦斯爐就代表錢財流失。

6 廚房裡面不可有廁所，否則污穢的氣全部沖到廚房，錢財都留不住。

10 客廳裝潢宜忌

客廳是房子裡功能最多的地方，朋友聚會、休閒小憩、觀看電視都在這裡，是非常重要的活動空間。

1 所有的門應由左邊開。所謂左青龍、右白虎，青龍在左宜動，白虎在右宜靜，所以全部的門應從左開為吉，也就是說人由裡向外、門把宜設在左側。開門如有左右顛倒容易導致家庭紛爭。

2 大樓住家的大門不可正對電梯門，否則造成沖射，不利財運，住戶容易患病。

3 大門不可直對窗、後門或廁所。門和窗戶是理氣進出房屋的開口，大門若與窗、後門連成一直線，形成前後門相穿，使理氣穿堂直出，無法聚集於屋內，則財富無法結集，謂之退財。

4 大門直對廁所會使理財投資出錯，使人財進財出，損害財運。廁所是讓人排泄的空間，本質並不乾淨，所以大門不宜直對廁所。

5 大門與客廳應設玄關。風水講究「喜迴旋、忌直沖」，在大門與客廳中間設置玄關或矮櫃遮檔，可使內外有所緩衝，理氣得以迴旋後聚集於客廳，住宅內部隱蔽深藏，外邊不易窺探，乃可福氣綿延。

6 客廳位置應在住家最前方，進入大門首先應看見客廳，臥房、廚房及其他空間應在房子後方。如果誤將客廳設置在後方，配置顛倒，會造成退財格局，易使財運走下坡。

7 住家旺位在大門的斜對角，通常是在客廳。旺位所在必須清靜、安定，不可是通道動線，亦不宜懸掛鏡子，因為鏡子有反射效果，會阻礙家人的運勢，使財運不濟、機會流失。不妨擺放可助長運勢的吉祥物，最好的方法是種植生命力旺盛的寬葉綠色植物。

8 客廳首重光線充足，不宜陰暗，所以陽台上不可有太過濃密的盆栽，以免遮擋光線。明亮的客廳能帶來旺盛的家運，所以壁面色調也不宜太暗。

9 客廳地板應平坦，不可高低不平，不宜有過多的階梯或製造高低的分別。有些客廳設計有高低層次分區，地板有明顯的高低變化，家運也會因此而多坎坷。

10 客廳不可成為動線。客廳是聚集旺氣的地方，要求穩定，不應規畫在動線內，使人走動過於頻繁。客廳如設在通道動線中，容易使家人聚會或客人來訪受到干擾，影響居住者的事業和人際關係。

11 客廳若有樑橫跨，應加以裝潢遮掩，包進天花板裡，否則易形成壓迫的感覺，人們坐在橫樑下容易精神緊張而運勢不振。

12 客廳應多使用圓形裝飾物。客廳是家人和親友相聚的地方，應該營造出活潑、融洽的氣氛。圓形屬陽，是動態的象徵，所以圓形的燈飾、天花板造型及裝飾品，可引導溫馨、熱鬧的氣氛。

13 客廳懸掛圖畫宜以花草、植物、山水，或魚、鳥、馬、白鶴、鳳凰等吉祥動物為主，較無禁忌。若您喜好懸掛龍、虎、鷹等猛獸圖畫，就要特別留意將畫中猛獸的頭部朝外，以形成防衛的格局。千萬不可讓猛獸的頭向內，威脅到自己，易為家人帶來意外災禍。

14 客廳不宜塞滿古董、雜物或裝飾品，既容易堆積灰塵，又影響氣流暢通，容易使人氣血不順，健康衰敗。

（二）客廳常見的風水問題

01 如何布置旺運的客廳風水？

客廳風水是住家最重要的一環。一個家庭整體宅運的吉凶，無論是事業升遷、運數高低、家人財運、夫妻緣分、子女讀書、考試的運勢、健康狀況等，大抵均由客廳風水決定。可見客廳風水的重要性。以下我們就來看看改善客廳風水的妙招吧。

● **方位：**客廳最好位於住家前半部靠近大門的位置，以便直接吸納從大門進來的氣。如果必須經過走廊才能到達客廳，那麼走廊一定要保持整潔，而且照明要充足，以免阻礙氣進入客廳。如果是夾層屋的話，客廳應位於下層。

● **格局：**客廳最好是正方形或長方形，座椅區不可沖煞到屋角，沙發不可壓樑。如果有突出的屋角放出暗箭，可擺設盆景或家具化解。如果客廳呈L形，可用家具將之隔成兩個方形區域，當成兩個獨立的房間。

●**調整家飾：**不宜擺放尖銳的物品，如刀劍、火器、獎牌、動物標本，因為它們都會產生陰氣，導致爭吵或暴力行為。也應避免擺設有稜角的檯燈或裝飾品。

●**風水擺設：**客廳的擺設除了看居住者的生活方式和審美觀外，最好是請教專業風水師。任何風水吉祥物的擺設，都要依據個人本命卦來看吉凶方位。

●**色彩：**客廳顏色並非風水布置的主要因素，重點要看格局和五行生剋所達成的能量平衡。例如，客廳若位於住宅的西南或東北，應用黃色系；如果位於東南或正東，應用綠色系；位於北方，應用藍色系；位於南方，應用紅色系；位於西北或西方，應用白色、銀色或金色。

客廳的不同方位，關係著不同運勢。正東，綠色，為健康運。正東方關係著居住者的健康，在這裡放置茂盛的植物可促進家人的健康和長壽。正西，銀色，為子孫運。正西方關係到子孫運勢，五行屬金，喜用色是白色、金色和銀色。此處很適合擺金屬雕刻品、六柱中空金屬風鈴、電視和音響。

02 客廳不可隨便安門立柱

有些客廳與臥室之間由通道相連，從風水角度來看，如果有以下兩種情況，便必須在通道安門：

1 通道盡頭是廁所。如此不但有礙觀瞻，而且在風水上也不是吉兆。在通道安門後，坐在客廳中既不會看見他人出入廁所的尷尬情況，亦可避免廁所的穢氣流入客廳。

2 大門直沖房間。有些住宅設計不當，會出現大門與房門成一直線的情況，有些甚至連房中的窗也在同一直線上，這是「前通後通，人財兩空」的洩氣漏財格局。改善的辦法就是安門，令旺氣及財氣不會直接流失。

通道安門還有以下幾點好處：

❶ **保護私隱**：客廳與臥室明顯區分，有門阻隔，令客人不會干涉臥室的私人生活領域。

❷ **保持安寧**：在通道安門以後，客廳中眾人的談話聲和喧鬧聲便不會傳入睡房，令房中的人受擾。

❸ **節省能源**：當家人在客廳活動時，只要把門關上，冷氣便不會散出去，可減少不必要的能源消耗。

❹ **美化家居**：多數家庭的客廳都布置得整齊華麗，而通道及睡房則容易凌亂，通道有門遮掩就不會自暴其醜了。

通道門宜下實上虛，即下半部用實木而上半部用玻璃最理想，既有堅固的根基又不失其通透。若用全木門，密不透風，會使客廳減少通透感，流於古板。若用全玻璃門，則客廳太過通透，失去隱私，因此並不理想。尤其玻璃門易碎，有小孩的家庭不宜選用。

此外，通道的門框造型不可選擇似墓碑的橢圓形，於居家風水十分不利。

如果有以下兩種情況，則通道不宜安門：

1. 客廳太小，不宜安門。面積小的客廳，如果加上通道的深度，看起來便會顯得深遠一些。裝上通道門的話，便會有狹窄的逼近感。
2. 客廳窗戶少者，不宜安門。客廳窗戶不多，屋外新鮮空氣已很難進入，若再安裝通道門，會使客廳的空氣更形呆滯，當然不理想。

近年來流行歐陸風格，所以有些人家裝潢時，喜歡在通道入口兩旁安裝一對美觀的歐式立柱。這本來無可厚非，但若出現以下兩種情況，便要慎重其事：

1. 廳小門窄，不可用木柱，會令客廳顯得更狹小，而通道口顯得更擠迫。
2. 燭形的木柱絕對不能用。有些人喜歡渾圓無飾的圓柱，形似蠟燭；如果有顏色也就罷了，若是白色便犯了大忌。因為這就像一對白蠟燭，插在睡房入口兩端。在中國傳統習俗裡，白蠟燭只用於喪事，因此在客廳放一對白蠟燭形的木柱，肯定是凶相，必須避免。

03 茶几的擺設也要講究

在客廳的沙發旁邊或前面，必定有茶几相呼應。茶几可用來放水杯及茶壺，因此在沙發附近擺茶几是不可或缺的。

沙發是主，宜高大；茶几是賓，宜矮小。沙發較高是山，茶几較矮是砂水，二者必須配合，山水有情，才符合風水之道。沙發前的茶几不宜太大，否則就是喧賓奪主，並非吉兆。

選取茶几，宜以平為原則。人坐沙發中，如果茶几高不過膝，則合乎理想。此外，在沙發前面擺茶几必須有足夠的空間。若是沙發與茶几的距離太近，則有諸多不便。茶几形狀以長方形最為理想，圓形亦可，絕對不能用帶尖角的稜形茶几。倘若沙發前的空間不充裕，不妨把茶几改放在沙發旁邊。

在長形的客廳中，茶几宜放在沙發兩旁，有如青龍、白虎左右護持，令座上之人有左右輔佐，不僅善用空間，而且符合設計要求。茶几上除了可放擺飾及花卉以美化環境，也可放電話及檯燈等，既方便又實用，是客廳不可缺少的器具。

04 根據客廳方位選擇植物種類

近年來，自然與生態概念不斷被引入居家生活當中，而在都市家庭中最接近自然的莫過於盆栽植物了。植物能夠行光合作用，為人們提供新鮮空氣，減少電器的輻射，調節氣場，使生活和工作環境充滿生氣。但很多人不知道，其實植物也有陰陽五行之分，根據方位、環境而恰當地使用它們，更能產生意想不到的調節作用。

風水學認為植物是有靈性的，對人有一定的幫助，因此常用植物來調節環境氣場。植物的種類繁多，性質也大不相同，因此使用上也有許多講究。

對植物不熟悉的人，可從花的色彩來判斷植物的五行屬性。白色屬金，綠色屬木，藍色屬水，紅色屬火，黃色屬土。也可根據植物的特性來分辨其五行屬性，如：熱的屬火，溫的屬土，涼的屬水，燥的屬金等。

花木不能亂栽，尤其在室內種植物更有很多講究。客廳的植物應根據大門的方位來選擇，以增加客廳的正能量場，增強家人運勢、財運和健康。

大門向西的客廳必須明亮，西屬金，植物的屬性應以金、土為主，如屬金的金邊虎尾蘭、金心吊蘭、金百合竹，屬土的金心巴西鐵樹等，可增加屬金的正能量，對家人的呼吸道、肺和脾有利。

大門向南的客廳，南屬火，植物的屬性應以火、木為主，如龍血樹、紅邊鐵樹、五彩鐵樹、馬尾鐵樹等，以增加火的正能量，有利於調整心臟與腸胃的健康，對家中某些人內向膽小、憂鬱，對生活缺乏勇氣和信心等負面性格，也有調整的作用。

大門向北的客廳，北屬水，宜擺放屬金和水的植物，如酒瓶蘭、夏威夷椰子等，能促進腎和肺的健康。

門口向東的，可在客廳擺放屬木的富貴竹、綠元寶、幌傘楓、發財樹，屬水的金山棕竹、太陽神等，可改善腎和肝的健康狀況。

05 客廳財位的布置

客廳財位的布置，須注意以下十大事項：

1 財位忌無靠。財位背後最好是堅固的兩面牆，象徵有靠山可倚，無後顧之憂，這樣才可藏風聚氣。反過來說，倘若財位背後是透明的玻璃窗，不但難以積聚財富，而且還因為容易洩氣而有破財之虞。

2 財位應平整。財位不宜是走道或門口，亦不宜有開放式窗戶，因為開窗會導致財氣外散。若有窗戶可用窗簾遮蓋或乾脆封窗，財氣才不致外漏。財位要盡量避免柱子和凹處，若此處恰是通道則可放置屏風，既能避免穿透的尷尬，亦可形成一個良好的財位。

3 財位忌凌亂振動。如果財位長期凌亂及受振動，則很難固守正財。所以財位上放置的物品要整齊，也不可放置經常振動的電視、音響等

4 財位忌受污受沖。財位應該保持清潔，倘若廁所、浴室在財位，或雜物放在財位，這樣就會玷污財位，令財運大打折扣，不但不能招財進寶，反而會損耗家財。財位也不宜被尖角沖射，以免影響財運。

5 財位不可受壓，否則導致家財無法增長。倘若在財位上放置沉重的衣櫃、書櫃或組合櫃等，令財位壓力重重，對財運有百弊無一利。

6 財位宜亮不宜暗。財位明亮則家宅生氣勃勃，如有陽光或燈光照射財位，對生旺財氣大有幫助。財位昏暗則財運受滯，需在此處安裝長明燈來化解。

7 財位宜坐宜臥。財位是一家財氣所聚，應該善加利用。除了放置生機茂盛的植物外，也可把睡床或沙發放在財位上，在此坐臥，日積月累，自會壯旺自身的財運。此外，在財位擺餐桌也很適宜，因為餐桌是進食之所，在吸收食物能量的同時也吸收財氣，可謂一舉兩得。

8 財位宜放吉祥物。財位是旺氣凝聚所在，若在那裡擺放寓意吉祥的招財物件，例如福祿壽三星或文武財神的塑像，有吉上加吉、錦上添花的作用。

9 財位忌水。財位好穩忌水，因此不宜擺放水耕植物，也不可把魚缸擺在財位，以免見財化水。

10 財位植物要講究。財位宜擺放生機茂盛的植物，不斷生長，可令家中財氣持續旺盛。尤其是以葉大或葉厚、葉圓的黃金葛、橡膠樹、金錢樹及巴西鐵樹等最為適宜。但要留意，這些植物必須用泥土種植，不能用水培養。財位不宜種植有刺的仙人掌類植物，因為此類植物是用來化煞的，如不明就裡則弄巧成拙，反而造成傷害。藤類植物形狀過於曲折，最好也不要放在財位上。

06 不可忽視的客廳風水細節

客廳風水有一些小細節，如果能注意到的話，對居家是很有幫助的。

1 客廳內最好不要有樑，有的話最好用美觀、藝術的方式，巧妙地把它裝潢起來。

❷客廳的動線要順暢，從客廳到各個空間不要七彎八拐，這樣陽宅地氣才能順暢，家運才會興旺。

❸客廳裡所掛的字畫要符合身分地位，依個人不同的職業而懸掛不同的字畫。例如：工商界人士應懸掛關公畫像或桃園三結義圖，表示義氣和信用。

❹客廳不適合任意掛鏡子，這在風水上是犯凶的。但如果客廳的門正好對沖別人家的屋角或牆邊時，掛鏡子當作屏風，可化解不祥的沖煞之氣。

07 快速打造客廳好風水的實用妙招

字畫：吉利字畫能提振家居氣色，營造富貴氣息。將吉利字畫懸掛於客廳，有錦上添花、旺上加旺之用，是打造客廳好風水的方法之一。

所謂家居吉利字畫，是指寓意吉祥與美好祝願的書法圖畫，如牡丹圖象徵榮華富貴，蓮花錦鯉圖象徵年年有餘，松鶴延年圖象徵健康長壽，流雲百蝠圖象徵福分永存等。

家中掛畫，內容宜光明正大，避免孤兀的物象。如在廳堂懸掛山水畫的話，其水勢要向屋內流，不可向外流。因為水象徵財，水流入則進財，水流出則為喪財。船畫要使船頭朝屋內，忌朝屋外，向外則損財丁，向內則招財寶。

地毯：很多人喜歡在沙發周圍鋪上華麗繽紛的大地毯，既可增添美感，又可突出沙發在客廳中的主導地位。從風水角度來說，沙發前的地毯，其重要性便有如屋前的青草地，亦有如納氣之明堂，不可或缺。

地毯顏色宜繽紛，忌單調。不同的人有不同的審美觀，所以有人喜歡色彩繽紛的地毯，也有人喜歡較素雅的地毯。但從風水角度來看，還是選用色彩繽紛的地毯為宜。色彩太單調的地毯，非但會令客廳黯然失色，亦難以發揮生旺的效應。因此，客廳沙發前的地毯宜以紅或金黃為主色。大凡構圖和諧、色彩鮮豔明快的地毯，令人喜氣洋洋，賞心悅目，這類地毯便是佳選。

地毯圖案寓意宜吉祥。地毯圖案千變萬化，題材包羅萬象，或以動物為主，或以人物、風景為主，有些則純粹以幾何圖案構成，令人眼花繚亂。到底該做何選擇呢？其實萬變不離其宗，只要記得務必選取圖案寓意吉祥的便可以。

08 客廳擺放魚缸的宜忌

「潤萬物者莫潤乎水」，魚缸當然離不開水，所以魚缸在風水學裡是「水」的同義詞，除了有觀賞價值之外，亦有接氣化煞的功效。魚與水共生，使室內更有生機，並對家居風水產生積極的作用。因此，魚缸的宜忌即是水的宜忌，兩者大同小異。

命盤八字缺水的人，在客廳放魚缸對運程大有幫助，但五行忌水的人就絕對不宜在客廳養魚。不知道自己生辰八字是否適宜養魚的人，最簡單的方法便是以過往的經歷來驗證。若是以往在家中養魚而家運興旺的便應該繼續，即使搬了新屋亦不能中斷。但若以往家中養魚而宅運不寧的，則應盡快停止養魚，甚至與水有關的東西也不要擺在客廳中。在客廳放魚缸要注意以下幾點：

1 魚缸不宜過大、過高。太大的魚缸儲水太多，從風水的角度來說，水固然重要，但太多、太深則不宜。若魚缸高於成人站起時的眼睛位置，便是過高。客廳中的魚缸不宜過大、過高，尤其是對小面積的客廳更為不宜。

2 魚缸不宜放在吉方。任何住宅都不可能十全十美，總不免有些外煞之類的，此時可巧妙地運用魚缸來化解外煞。風水學有「撥水入零堂」之法，所謂「零堂」即指失運的衰位，其意是把水引入失運的方位，可轉禍為祥，逢凶化吉。因此魚缸宜擺在凶方，不宜擺在吉方。

3 魚缸切勿擺在沙發背後。從風水角度來看，以水做背後的靠山是不妥當的，因為水性無常，倚之為靠山，便難求穩定。把魚缸擺在沙發背後，一家大小日常坐在那裡，便會無山可靠，影響宅運的安定。若是把魚缸放在沙發旁邊，則對住宅風水無妨礙。

4 魚缸切勿與爐灶相沖。魚缸多水，而廚房的爐灶屬火，水火相剋。故客廳的魚缸倘若與廚房的爐灶形成一條直線，這便犯了水火相沖之忌。魚缸與爐灶對沖，對家人的健康有損。水能剋火，受害的是屬火的爐灶，而靠這爐灶煮食的家人，也會因而連帶受害。此外，魚缸也應盡量避免與神位成一直線相沖。

5 魚缸切勿擺在財神之下。所謂「財歸財位」，故福祿壽三星這類財神便應擺在當旺的財位，才能夠錦上添花。若把財神擺放在魚缸之上，就大錯特錯了。因為魚缸本應放在住宅凶方，倘若又把財神擺在魚缸附近，這便與「財歸財位」的原則矛盾。而且把財神擺在魚缸上，犯了風水學的「正神下水」之忌，會有破財之虞。

6 養魚數目宜與戶主的五行配合。魚缸中該養多少魚最好，得看戶主的命卦五行而定。「河圖」的天地生成數口訣云：「天一生水，地六成之；地二生火，天七成之；天三生木，地八成之；地四生金，天九成之；天五生土，地十成之。」根據以上推定，只要找出戶主的命卦五行，便可查知應該養多少條魚來配合。

09 改善客廳風水的吉祥物

● **山海鎮平面鏡：**可提升運氣。鑲在鏡框中的山海鎮平面鏡，集齊所有開運的要素——招財進寶、福祿壽、鎮宅、明光、日月、財神、貴人等，所以它有調整風水、平衡財運、營造人氣、調和神佛、幸福人生、驅散邪氣、鎮家宅地、平衡陰陽的功能。在客廳懸掛山海鎮平面鏡，可提升運氣。

● **八卦凹鏡：**凹鏡可收納、改變不良形狀的氣場，如大路直沖為槍煞、小路直沖為箭煞等。常用於客廳、門、窗或辦公樓。

●**鏡球：**在角落或陰暗的地方可懸吊鏡球，以反射、彈開那些不吉之氣，提高氣的流動性。再者，將鏡球懸吊在吉氣流通的地方，可將吉氣循環散送到整個房間。

●**風水銅葫蘆：**銅有化煞轉運的作用，加上葫蘆可收煞，使其化煞效果倍增。在風水運用上，常在銅葫蘆下面鋪墊銅製的古錢（八卦），變成「八卦化煞轉運葫蘆」，可除去所有自己厭惡的東西，真正變成「鬼金棒」。葫蘆中可放入水晶和七寶等物，且必須將葫蘆放在自己所處的環境空間中。

●**銅鑼：**可淨化氣場。當要清淨常有異聲響動的場地時，一般都會使用銅鑼。銅鑼的響聲可傳遞到很遠的地方，鑼聲所到之處，周圍的氣場都會得到淨化。古代為官者鳴鑼開道即為此意。

●**銅製「四神相應」組合：**這是在住宅中使用四神守護的辦法。首先應畫出住宅的結構圖（大略就可以），不必考慮陽台，只需確認住宅的中心所在。然後，在住宅的東南西北做上記號，南面牆上掛朱雀，北面牆上掛玄武，東面牆上掛青龍，西面牆上掛白虎，形成「四神相應」的局面。

（三）臥室常見的風水問題

01 為什麼床位風水會影響健康？

人的一生有三分之一的時間是在床上度過，所以床對人生的幸福、健康，確實非常重要。床位如果安置得當，也能產生求財、催財的效果，所以陽宅風水學裡也非常重視安床這件事。安錯床除了會讓自己難以入眠外，還可能會發生夢魘，令人不安、心慌，對身體健康不利，更會造成財源不順、不聚。

現代大部分家庭都喜歡按照西方人的方式，把床擺在房中間，只有床頭靠牆，三面都可上床。這種方式，除了方便上下床之外，基本上沒有任何好處。床最好不要擺在房中間。首先，三面無依無靠，缺乏安全感。其次，臥房空間被分隔得很零碎，用起來很不方便。如果房間不大的話，還很容易碰傷手腳。

風水講究藏風聚氣，在巒頭風水裡，財位在房門的斜對角，因為那個角落是藏風聚氣的地方，門窗都沖不到。人如果睡在那裡，身體就會健康，頭腦靈活，精力充沛，當然更有精神去賺錢！所以歸根究柢，財位的含義，其實就是保證人體的健康。因此，安床要注意以下幾件事：

1. 最好能把床靠在三面有牆的位置，也就是盡可能把床放在一個藏風聚氣的地方。
2. 把床放在房間不受門窗沖射的角落，兩面靠牆。如果不行，請在朝門窗的位置加上屏風或衣櫃都可，以遮擋門窗的沖射，使床位能夠藏風聚氣。

3 床頭不要朝走廊、電梯間、樓梯間、廁所的下水管和抽水馬桶。這些都是代表陽動的地方，氣流非常不穩定，雖然隔著牆，還是會影響你的腦電波，使人不能安靜地進入睡眠。

4 床頭千萬不要放在窗戶下。窗戶為理氣進出之所，床頭貼近窗口容易犯沖。此外，在床上睡的人看不見頭上的窗戶，容易缺乏安全感，導致精神緊張。窗戶是氣流和光線最強的地方，動象很大，最能影響睡眠。睡在這裡，人的能量容易散失，因此對健康非常不利。如果不能更換床頭，最好能用厚的遮光窗簾加以遮擋。但這是退而求其次的方法，最好還是更換床頭。

5 床頭不可朝西，現代科學的說法是，因為地球是由東向西自轉，頭若朝西睡，則血液會經常直沖頭頂，睡眠較不安穩。

02 臥室風水的基本原則

現代臥室早已擺脫單純的睡眠功能。對追求溫馨家居的現代人而言，更注重的是臥房的安定性與隱祕性。所以臥房不但必須慎重考慮其坐落位置、採光的情況，更應慎思其風水布局。

1 **臥室形狀不宜狹長**。狹長的臥室不利於通風，室內容易潮濕。床位上方不宜有樑，易使人產生壓迫感，睡不安穩。床頭櫃以圓形為佳，可避免櫃角橫沖頭部。床不可貼地，貼地則不通風，易藏濕氣，造成腰痠背痛。

2 **不可門門相對**。臥室門不宜正對儲藏室門，因為儲藏室多黴氣，易藏污納垢。臥室門也不應兩兩相對，這就是所謂「門刀煞」。臥室門不可直對廚房門，以免廚房的濕熱氣流入臥室。房門不可正對衛浴間，以免水氣、氨氣、穢氣直沖臥室，且臥室裡的寢具、衣服等又最會吸收濕氣，將使得環境更為潮濕。臥室門不可正對大門。

3 床不可對鏡。床前正對鏡子的話，人在半睡半醒時容易被鏡中影像給嚇到，精神不得安寧。電視機不宜正對床前，可放側一點或改做抽取式的電視櫃。

4 床不可背對門。否則老是會覺得有被門外之人一覽無遺的危險，缺乏安全感，影響休息。

5 明廳暗房。關於臥室的採光，有個簡單的風水術語叫「明廳暗房」。也就是客廳必須比臥室明亮，臥室的光源要盡量柔和，才能提高睡眠品質。有些人為心理上的安全感或生活上的方便性，例如半夜可能會要上廁所等，習慣晚上開燈睡覺，這種情況下，一定要避免光源直接射到臉上，否則會加重干擾睡眠。不妨將光源射向天花板或偏向，以反射光來作照明。

6 四角要平衡，小燈可聚財。如果房間是中式的，就盡量不要擺設西式的床；如果是日式的房間，就不要配中式的八角床。床的材質一定要堅固，四個角落要平衡，不可高低不平。床頭兩邊放兩個小床頭櫃，除了能使夫妻感情美滿外，對事業財運也會產生加倍的力量。兩個床頭櫃最好都有抽屜與小燈，能更加強催財及聚財的功效，得到貴人的助力，快速增加你的財源！

7 大小適中。主臥室不可大於十坪，不可大於客廳，亦不可小於三坪。閣樓不宜當臥室。

8 臥室不可與廚房相鄰。廚房是生火之處，甚為燥熱，所以也不宜與臥室相鄰，尤其是睡床緊貼爐灶的牆。

❾ **房門不可對鏡子。**鏡子有反射煞氣的作用，所以可用來擋凶煞。但是鏡子若對著房門，會將凶煞沖剋照進臥室，招來不好運勢。

03 簡單測出床位風水的好壞

從風水的角度來看，床位應放在個人八字命局中「喜用神」的生旺之位，也就是命局中好的五行方位，這樣才能身心健康。忌諱把床安在命局中的「忌神位」，也就是不好的五行方位，更不能放在桃花劫或桃花煞的位置上。凶桃花會破壞姻緣、婚姻、感情，損害才智，嚴重者將導致夫妻反目、無姻緣、失戀等凶事。以下是安放床位的基本風水常識：

❶ 臥室不可有樑壓床。

❷ 臥床不可沖門。

❸ 床頭後面不可是廁所馬桶。

❹ 吊燈不可懸在床上方。

❺ 床前不可對著鏡子。

04 床應該要多高？

現代床的款式甚多，一般高度都在一尺半，約四十六公分左右，甚至有人喜歡睡榻榻米，根本不用床板。以前的床大多比現在的高，有兩個原因：

1. 距離地面愈遠，愈不容易受濕受潮。
2. 經科學研究，普通細菌都停留在二至三尺高的地方。兒童的高度有限，故較容易被細菌侵擾染病。睡床高可避免這個問題。

就以上兩點來說，一般睡床連床墊最好有兩尺，約六十公分高。至於睡榻榻米的話，最好地板也能架高到兩尺左右。床板內可儲放一般衣物，但不宜放壞掉的電話、五金工具等。

至於雙層床呢，要留意：

1. 睡上舖的人要留意天花板的高度，至少坐在床上時，頭不會撞到天花板才行。
2. 睡下舖的人要留意床底下的衛生，堆放太多雜物、太骯亂的話，不僅影響健康，亦影響運氣。

05 小心臥室風水陰陽失調

對流太旺：若室內一直有風，空氣流通太旺，風從前門可直貫後門，形成「穿堂煞」的格局，將會帶走陽氣，造成磁場不穩。住在這裡不僅沒有遮風避雨的感覺，反而心情容易不穩定，沒有安全感。

植物太多：開運竹、萬年青這類植物雖然能為人開運帶財，不過多數植物仍是屬陰性的，在室內種植太多植物並不是件好事。

狹長格局：格局狹長的住宅，中間通常被隔成很多房間，到處有牆壁阻攔，使得空氣對流差，死氣沉沉。而且因為陽光無法均勻照射到每個房間，陰暗角落也可能卡到不好的東西。

空氣滯留：窗戶太少的臥室，或加裝過多波浪板、鐵窗的房間，通風比較差，因此穢氣不易排出，情況猶如作繭自縛。久而久之，當然會形成有害的陰氣，這種空間住久了，身心都會受損。

爬藤蔓延：爬藤類植物，在風水布局上可是大禁忌。因為爬藤類植物喜歡濕氣，故室內絕對不適合種植。有些樓房外觀也被藤蔓遮住，從風水的角度來看，也相當不吉祥.

陽光不足：陽光蘊含陽氣，如果房子太過陰暗，陽氣自然也少。而且陰暗易導致潮濕，潮濕則易孳生細菌，聚集不好的穢氣，居住者容易發生健康問題。

06 兒童臥室的風水忌諱

1. 兒童臥室不可設在機房邊、陽台下，設在機房邊易造成腦神經衰弱。
2. 進門處不可有鏡子，以免多口舌是非。
3. 天花板應平坦，以乳白色為佳，暗色為凶。天花板可裝飾縱橫木條，但不可懸掛奇怪飾物。

4 地板不可鋪深紅色地毯，避免使用長毛地毯，預防孩子罹患支氣管炎。

5 不可懸掛太多風鈴，否則易神經衰弱。

6 光線要明亮。

7 色調忌用粉紅、大紅、深黑色，個性易暴躁不安。

8 臥室小，則裝潢不可太複雜，會令房間看起來太亂。

9 臥室中的洋娃娃不要關、鎖起來。

10 臥室門不可正對廁所門。

07 臥室的三大禁忌

臥室是我們的避風港，也是每天的加油站，其環境格局影響到我們的休息和睡眠，關係著我們是否能擁有旺盛的精力、良好的氣色。風水理論並非神祕莫測，也不是迷信歪理，而是可用醫學、心理學來解釋的一種古代科學。以下臥室的三大禁忌，和你的健康可是息息相關的！

禁忌一：電器過多，尤其忌電視正對床腳。臥室內電器過多，風水上稱之為「火宅」，會影響人的健康。現代醫學理論也指出，電器用品的輻射、電磁波確實會損害人體健康。腳是人的第二心臟，如果電視正對床腳，其輻射更容易影響雙腳的經絡運行及血液循環。建議減少臥室裡的電器，尤其不要將電視正對床腳，不使用時拔掉電源。

禁忌二：臥室的廁所門正對床。廁所五行屬水，陰氣較重，不管蓋得多豪華，也改變不了其排污的本質，因此難免穢臭，沐浴後更會產生大量濕氣。若廁所的門正對床，不僅容易使床潮濕，還會影響臥室的空氣品質，長此以往就會導致腰疼，更增加腎臟的排毒負擔。建議在廁所裡放幾盆土栽的觀葉植物，或在床與廁所之間放置屏風遮擋。

禁忌三：面積超過二十平方公尺。風水理論有所謂「屋大人少，是凶屋」，認為「大房子會吸人氣」。因此，即使是皇帝的寢宮，面積也不到二十平方公尺。其實風水所說的「人氣」，就是科學發現的「人體能量場」。人是個能量體，無時無刻不在向外散發能量，就像運轉中的空調，房屋面積愈大，所耗損的能量就愈多。因此，臥室面積過大，人體將因為過度耗損能量而免疫力下降、無精打采，甚至倒楣生病。建議將臥室面積控制在十到二十平方公尺為佳。

08 睡在哪個位置，事業和財運才會旺？

臥室的格局，確實能影響一個人的運勢。其中最重要的是睡床的擺放，可按照生肖的不同，擺放不同方位。

屬鼠的人，頭朝北及東方睡，睡住宅的北、東及東南角。

屬牛的人，頭朝東及南方睡，睡住宅的東、東南、南角。

屬虎的人，頭朝西南及東北方睡，睡住宅的東北及西南角。

屬兔的人，頭朝西及北方睡，睡住宅的西、東南角。

屬龍的人，頭朝西北及南方睡，睡住宅的南方及西北角落。

屬蛇的人，頭朝西南、西及東北方睡，睡住宅的西方及東北西南角。

屬馬的人，頭朝東南及西南方睡，睡住宅的東南、西、東北。

屬羊的人，頭朝西北及南方睡，睡住宅的東南、西北、南方。

屬猴的人，頭朝東北及西方睡，睡住宅的東北、西及西南角。

屬雞的人，頭朝西及西南方睡，睡住宅的西南、西及東北角。

屬狗的人，頭朝南及西北方睡，睡住宅的南、西北方。

屬豬的人，頭朝東南及西南方睡，睡住宅的東南、西南及北方

（四）廚房常見的風水問題

01 廚房、餐廳風水宜忌

1 **布局：**餐廳和廚房最好相鄰，距離不宜過遠，以免備餐麻煩。廚房地面要平坦，且忌比宅內各房間高。

2 **餐廳方位：**餐廳最好設在南方，如此一來，在充足的日照下，家道將會日益興旺。若餐廳內有冰箱，則方位以北為最佳，不宜向南。

3 **餐桌：**不可正對大門，若真的無法避免，可利用屏風擋住，以免視覺過於通透。餐廳天花板不宜有樑，若有則可在樑下懸葫蘆等飾物，避免直接壓到餐桌。

4 **廚房方位：**廚房是家中用水最多之處，也是煮飯的地方，不宜設在南方。南方夏季時食物易腐化，吹南風時更會令烹飪的煙氣瀰漫整間房子，所以廚房最好不要設在南方。

5 **擺設：**餐桌椅不可有直角，以免傷人。餐桌椅的高度要適中，過高或太矮都會影響用餐時的情緒。

02 廚房風水需要五行平衡嗎？

食物是生命之源，健康之本，廚房的風水至關重要。現代居家裝潢時，應合理安置廚房和爐灶，把握五行平衡、方位正確、色調柔和、通風合理等原則。

爐灶方位選得好，可彌補命局的五行欠缺，使家運愈來愈興旺。所謂「陽宅三要：門、房、灶」，廚房是三要素之一，如果風水不好，會招致家宅不寧，影響身心健康，甚至導致財運受損。所以廚房的選擇、爐灶的擺設一定要慎重，廚房的方位、坐向、布局及色彩設計都很重要。

廚房方位若能與宅主的命局配合，能增加運程，使萬事如意，愈住愈旺。另外，廚房的色彩如果能搭配命、宅、方位，對主人的健康也是相當有益的。

03 廚房植物增財運

位於南方的廚房，擺放觀葉植物有助於儲蓄。由於南方太陽氣強烈，火可銷金，屋主不知不覺會有亂花錢的傾向。觀葉植物可緩和太陽氣，減輕亂花錢的傾向，有助於儲蓄。

廚房位於東方是大吉，若在其他方向，可在桌上、電冰箱附近擺放紅花，有利健康。位於西方的廚房，在窗邊擺放金黃的花、水仙及三色紫羅蘭，不僅可擋住夕陽的惡氣，也能帶來財運。

廚房位於北方，宜擺放粉紅、橙色的花，可為室內增添活力。照明宜明亮，廚具用品、圍裙、拖鞋、墊子等應選用暖色系的。

04 布置旺財旺運的廚房風水

廚房是洗滌和烹調食物的地方，會用掉大量的水，而水象徵財富，所以就風水而言，廚房具有先天的缺陷，而其所在位置的吉凶，經常會左右家運的興衰。以下十二條建議，教您調整廚房的位置和擺設，讓廚房風水幫您旺財旺運，長保身體健康。

第一招：置於凶方。廚房具有壓制凶方煞氣的功能，所以將廚房設在無關緊要之處或凶方，對居住者反而有利。因此，建議將廚房安置在屋主本命卦的四個凶方，以爐火產生的陽氣來調和凶方的穢氣，改善其風水。此外廚房也應位於住宅的後半部，盡量遠離大門。

第二招：五行生剋。水槽的水氣與瓦斯爐的火氣是相衝突的，所以瓦斯爐不可與水槽或冰箱對沖，也不可緊鄰水槽。爐灶也不宜獨立在廚房中央，因為這個位置火氣過旺，會導致家庭失合。

第三招：爐口。古代的爐口是指送材薪進爐灶的入口，以現代來說，就是瓦斯的進氣口，位於點火開關的後方。爐口應盡可能朝男主人或女主人的生氣方。

第四招：以母親為重。如果因廚房設計上的限制，無法將爐口朝向主人的任何一個吉方，則應設法將爐口朝向母親的延年方，可增進家庭關係的和諧。

第五招：廚具擺設。微波爐或電鍋應置於主人的四個吉方之一，電鍋和微波爐的插座也應位於吉方。烤麵包機和悶燒鍋也適用同樣的原則。

第六招：陰陽平衡。廚房是水火相沖的地方，若能平衡二者使之變成水火既濟的話，則可促進廚房風水的合諧。在風水來說，廚房這個區域屬陰，是儲存食物，而不是全家人經常使用的地方。然而，如果將廚房的一角當成用餐區，就能夠增加廚房的陽氣，使廚房陰陽平衡。

第七招：鏡子。鏡子在風水上有正反兩面的效果，正確擺設能讓風水更好，但若擺設不當，反而會對居住者造成很大的傷害。首先，廚房懸掛的鏡子不能照到爐火。尤其忌諱在爐子後面的牆上掛鏡子，照到鍋中的食物，傷害更大，這就是所謂的「天門火」，會使住宅遭受火災或不幸。但另一方面，若是在用餐的地方陳設鏡子，映照桌上的食物，則有加倍家中財富的意義。

第八招：禍事之源。瓦斯爐不可放在水槽和冰箱之間，否則雙水夾火，會禍事不斷。

第九招：有依有靠。炊具不可放在窗前或窗下，象徵家庭無依無靠。

第十招：避開西北方。瓦斯爐若位於廚房的西北方，主人的運勢會受到壓制。

第十一招：注意上方。瓦斯爐的上方如果是上一層樓的廁所，非常不吉利，最好換爐位。如果無法改位，那就得裝一盞向上投射的燈，以化解煞氣。瓦斯爐也不宜安在水塔下方，因為水會滅火，代表無法聚財。

第十二招：旺財旺運。為招來財運，冰箱不能空空盪盪，米缸也要隨時補滿，象徵衣食無虞。把三個錢幣用紅包袋裝起來，放在米缸裡，有招財效果。

05 米缸常滿，引財入室

為滿足日常飲食所需，廚房可說是家中雜物最多的地方之一。許多人都知道廚房與爐灶的重要，不僅影響家人健康，連帶也影響感情與財運。不過，除了爐灶之外，其他廚房用具與雜物的陳設也不可忽視。

在各項廚具中，鍋子最能表現出使用者的狀況。長期不使用的鍋子會使「氣」分散，燒焦的鍋會使降低財運，所以要盡快將這類鍋子處裡掉；太便宜的鍋子也不要用。

電鍋是用來煮飯的器具，所以會影響到人的活力和財運。骯髒的電鍋所煮出來的飯也缺乏活力和財運，所以保持電鍋的清潔非常重要。至於家中常用的抹布，不僅能用來清潔廚房和餐廳，同時也有連接各式各樣人際關係的作用，應保持乾淨與完整。抹布骯髒破爛的話就會招小人，主人容易捲入糾紛。

各種刀具不應懸掛在牆上或插在刀架上，應該收進抽屜裡。蒜頭、洋蔥、辣椒也不應懸掛或放置在外，這些東西都會吸收陰氣，影響家人健康與運氣。

具有陽水之氣的茶壺，對女性健康有很大的影響。茶壺的水應該新鮮乾淨，不要裝隔夜水；不要將茶壺放在微波爐旁邊。

06 如何巧用爐灶催財、催丁？

1 **催財法：**根據八宅風水學，如果家中財運不好或生意不順，將爐灶的灶口朝向生氣方，可令一家人的財運增強或轉好。不過要注意，這個向法不可用於坤命和艮命的人。因坤、艮二命的生氣在艮坤，五黃也在艮坤，所以灶口不能向生氣，否則非但不能增加財運，反而連健康也會有問題。

2 **催丁法：**有些夫婦結婚多年都未生育，但經過醫院檢查各方面都正常，這種情況可能是風水出了問題，而灶是一個重要的環節。如欲催丁，按八宅風水學，只需將灶口朝向伏位方即可。但如果夫婦二人命屬不同的話，灶向該如何擺呢？解決的辦法是：以灶口向合夫命，以床位向合妻命。

由於現代建築及設計的局限性，有時爐灶的擺設無法合吉方，在此情況下，可另設小灶或使電鍋向吉方。

（五）建築常見的風水問題

01 大門直通到底的槍煞及化解

住宅建築風水可影響人一生的吉凶禍福、富貴貧賤，並容易掌握與改變。現在我們就來談談關於大門直通到底的問題。

如果家中有好幾個房間連在一起，絕不能把走道做成正對大門直通到房子另一頭的過道，也不能像旅館、飯店那樣，一條長廊連著一排數個房間，否則容易發生外遇及私奔之事，住得也不平安。這在風水學裡稱之為「槍煞」，是種無形的煞氣，所謂「一條直路一條槍」，家中走廊正對大門而直沖到底，便是犯槍煞。

窗外的晾衣杆也屬於槍煞；以自宅為中心點，見有直路或河流向自己沖來也是槍煞。

化解方法：可在大門與走道之間掛珠簾或放屏風；針對室外來的槍煞，可在窗戶擺放金元寶或麒麟一對，能助事業順利。

02 紫白飛星招財風水

做生意的人都希望店門一開就財源滾滾而來，不妨運用風水學中的「紫白飛星法」。紫白飛星每年的方位都不一樣，紫色就是九，白色就是一、六、八，跟這幾個數字有關的方位都是很好的。用紫白飛星法來看店門的方位，就可知道今年你的店面是否能夠財源廣進。

03 大樓外觀與建築風水

1 尖銳三角形大樓：意外災害

對到尖銳三角形大樓的住家，容易發生災害、意外及心血管系統的毛病。而且三角形屬火，易發生火災。

2 玻璃帷幕大樓：九年一次凶災

對到玻璃帷幕大樓的住家，居住者容易神經錯亂，如果是公司則容易發生決策錯誤。此外，每九年會有一次凶災。因為從「紫白飛星」來說，五黃廉貞這顆大凶星每九年轉一輪，若家裡剛好有方位是五黃位的話就容易有嚴重的凶災。

3 抬棺煞：意外災害不斷

捷運劍潭站就是標準的抬棺煞，其附近住家很容易發生意外災害。

4 鐵金剛大樓：病痛多，小人多

有些大樓不只是大，且氣勢極強，有目中無人之感，對到這種大樓的住家，容易多病痛和多小人。

5 白虎開口：傷人、耗財

大樓的樣子像一張大開的嘴巴，這在風水學上叫做「白虎開口」，被對到的住家容易有人意外受傷及破財等。

6 紅色大樓：易發生火災

整棟紅色的大樓容易發生火災。因為紅色在風水中代表火，火太盛就容易有火災，且也容易發生意外，及心血管方面的疾病。被對到的住家也容易發生火災，尤其是大樓南方的住家，因為南方屬火，加乘作用更為嚴重。

7 超高大樓：太近則居住不安

住家靠超高大樓太近，容易不安寧，不過如果遠一點就成為「文昌筆」，比較無所謂。

04 坐北朝南的房屋，風水特別好？

凡是到過大陸或對中國古建築風水有研究的人，都知道大部分的中國古建築皆是坐北朝南，也就是把正門開在南方，而不開在北方，這是為什麼呢？

其實，中國人之所以喜歡坐北朝南的房子，主要原因有二：

1 以前稱坐北朝南的屋子為「正房」，因為它冬暖夏涼，光線充足，即使在冬天，陽光一樣能照射到房間深處，令人有明亮溫暖的感覺，一進屋就覺得很舒服。而且，夏季時，當太陽升到接近頭頂的上空，屋內也不會有強烈的日光照射。除此之外，東南風可穿過門窗吹進屋裡，讓人感到涼爽舒適。

2 中國以前主要的外患都是來自北方，因此，潛在心理上總是比較提防北方有患，這種下意識的心理威脅，使得中國人對於在北方開門有種心理的負擔。而且，若是把門開在北方，一到冬天，正門便會受北風侵襲，這也是不開北門的另一個因素。

那麼，向陽的房屋都是朝南的嗎？

對中國大部分地區來說是這樣的，但從全世界來看，就不是這樣了。因為不同的地區，太陽在天空的方位也不一樣。大家都知道，地軸是斜的，因此地球繞著太陽公轉時也是斜著的，在地球上觀察太陽，會發現太陽在天空中的位置不斷改變，而你的位置卻沒有改變。因此我們可知道，在不同的地區，日照強度也不同，故向陽的房屋不見得都朝南。

太陽對地球的直射點，只能在赤道附近上下移動，最北到北緯二十三度二十七分，也就是我們所謂的「北廻歸線」，最南也只能到南緯二十三度二十七分，就是所謂的「南廻歸線」。

在「北廻歸線」以北的地區，太陽不可能跑到頭頂上來，總是掛在南邊的天空。而中國絕大部分領土都在北廻歸線以北，因此，在中國，向陽的房屋都朝南，這是對的。

每年夏至太陽會直射「北廻歸線」，到冬至時，太陽又跑到「南廻歸線」。所以，一年之中，太陽直射點總是在南、北迴歸線之間移動。而南、北迴歸線之間的地區，每年會有兩次太陽從頭頂經過，其他時間太陽有時在南邊的天空，過一段時間，又會跑到北邊的天空上。

廣東、廣西、雲南及台灣南部位於北迴歸線以南，所以夏至前後，太陽直射北迴歸線附近，陽光會從北邊的天空射下來。因此，在這些地區反而是朝北的房屋向陽，朝南的房屋不向陽。

現代人之所以偏好坐北朝南的房子，許多是傳統觀念使然。其實坐北朝南的房屋，在風水來說不一定是最好的選擇。

房屋的坐向，除了要適應天候、陽光之外，也應利於村鎮的整體規畫，及辨認方向。

以前在山東省陽穀縣城北六公里處，有個小村莊叫「迷魂村」。相傳這是戰國時期齊、魏大戰時，齊國軍師孫臏為捉拿魏國大將龐涓，便把村中的屋子蓋得十分怪異。街道斜曲，巷子混亂，無主要幹道，也沒有直胡同，街巷交叉處多呈「丁」字狀，平行街道則頭尾不齊，難以貫通。房屋朝向不一，無固定方位，亦無規律可尋。村外道路也故意做成磨齒形，非東非西，非南非北，參差錯落，難以辨認。

因此，若沿著巷道前進，會覺得方向似乎隨時在變，摸不著東西南北，難以找到村內目標，也不容易走出村外。當地有民謠：「進了迷魂陣，狀元也難認。東西南北中，到處是胡同。好像把磨推，老路走到黑。」據說，這村中的布局是按八卦方位設置的。

05 房地產風水六大原則

房地產最好的選擇就是山水、自然、人文一體。建築風水對房地產的選擇而言是至關重要的。以下是房地產風水的六大原則：

一、坐向要當旺。陽宅風水首重坐向是否當運，立向得旺氣則吉，得衰氣則凶，所以古籍有云：「向首一星災禍柄。」陽宅坐向不是以寓所的門為向，而是以它所在那棟樓的入口為主。入戶大門的選擇方法如下：

❶**門卦相配**：卦是指個人命卦，也就是前文說的東四命和西四命。大門要與命卦相配，開門要開在生氣方和延年方，以收旺氣。

❷**運星到門**：以玄空風水法來計算。當運星到門，能收山化煞，定能丁財兩旺。財星（水）到門見真水主發財，丁星到坐山見真山主丁旺。

❸**零正卦氣**：這也是玄空風水法。大門向處不論向水或向馬路，能收零神卦氣，及真山實地收正神卦氣。

二、房子要方正。做人要方正，長相也要方正。屋相如人相，以方正為貴，大忌三尖八角。人與屋是有感應的。如果住宅方正，久而久之，其為人處事也會公公正正，就連長相也會隨時間而變，男的會變得方方正正，女的會變得端莊大方。反之，如果住宅是不方正的，長此以往，人心也會變得歪斜，甚至在長相上，鼻子及腰骨都會變彎曲。
方正的房子給人穩定安全的感覺，不方正的房子則給人一種不安全的感覺。

三、周邊環境好。購買房子，周邊的環境也相當重要。除了傳統的左青龍、右白虎、前朱雀、後玄武之外，還要考慮周遭有沒有煞氣如：低壓煞（四面有樓、天橋、招牌下壓等）、反光煞（強光反射）、聲音煞、氣味煞、割腳煞（過於近馬路）、鐮刀煞（橋或馬路成反弓）、白虎煞（樓宇右方有動土）、穿劍煞（走廊過長）、飛刃煞、梯沖煞等。

此外，住宅也不宜正對政府機關、消防隊、醫院、電房、垃圾場、電線杆等煞氣重的地方。

四、陽氣要足夠。《易經》的靈魂在於陰陽的平衡，人要陰陽平衡，房屋要陰陽平衡，房屋的光線也要陰陽平衡。「陰陽者，天地之理也。」暗屬陰，光屬陽，陰陽平衡則萬物得以生長。所謂「孤陰不生，獨陽不長。」房子窗戶太多，陽氣過盛，也難聚財；窗戶少，終日不見陽光則太暗，陰氣過重，容易招致陰靈作怪，多病痛。所以光線適中，陰陽平衡則財運好，身體也好。

五、水火忌十字。這裡的水是指廁所，火指廚房。所謂「水火不留十字線」，意思是說，住宅的正前、正後、正左、正右及中心點，不宜有廚房及廁所。

廁所是污穢、孤陰之地，要設置在凶方；而廚房是煮食之地，獨陽之方，要設置在吉方。現代的建築物裡，廚房、廁所都是固定的，購買前一定要看清楚，不要在十字線上。水火相犯易生不如意之事，財運反覆，疾病叢生，桃花是非多。廁所如在屋子中間的話，為「水浸心」，易得心、胃、肝、肺、小腸諸疾。房屋的十字若陰陽不調，易患排泄、頭、眼、口、手腳之疾。

六、房子忌直沖。大門直沖陽台、窗戶，前後門對沖，前後窗戶相對，陽台與窗戶對沖，這些都是陽宅大忌，將招致財運不吉，易破財、遭盜竊；身體也不好，易生急病；家庭不睦，夫妻易起磨擦。

06 大廈前後凸出的設計，是否影響風水？

現代建築常設計成前後有凸出，一來是為增加使用空間，二來是為樓房的美觀。殊不知，長期住在此種建築物中的居民，罹患腫瘤的機率會非常非常高。在陽宅風水學來講，房子的本身自己已經生瘤（突出的部分為瘤體）若是凸出的比例小還不至於太嚴重，若是大面積的凸出，就要想辦法來制化了。

07 住家庭院的假山、景觀瀑布，是否影響風水？

瀑布就是「瀑面水」，這種風水並不理想，因為如果屋前水流很急，仔細聽倒像是有人時時刻刻在你家門前哭泣，這樣會讓居住者存不住錢，貧病交加，造成家人有悲觀的情緒。

屋前若有淋水，風水上稱之為「悲哭水」，易使夫妻離異，守不住錢財。

08 如何按照四柱用神來選擇風水格局和樓層？

陽宅風水的好壞，是客觀現象。房子風水不好，無論誰住都沒好處。但是，難道風水好的房子，誰住都好嗎？

事實不然。就像漂亮的連衣裙，女孩子穿好看，男孩子穿就不行。房子也一樣，應該選擇對自己身心有益的房子才是正確的。無論在農村還是城市，關鍵在於陽宅的格局與宅主的命局是否相應。

陽宅格局不同，會形成不同的能量場；不同的命局，也需要不同的風水格局。當陽宅風水與主人命局的需求相應時，這間房子就是大吉之宅，反之當兩者不一致時，它就是凶宅。

都市中的花園住宅社區，外部環境整潔幽雅，基本上沒有形煞，內部布局又極其相似，但住戶們同樣各有各的吉凶發生，根本原因就在於住宅所處位置不同、樓層不同、內部布局不同，及氣口來路的差異等綜合因素的影響，使得能量場狀態也大異其趣，對不同的宅主及其家庭成員而言，有的是調補得宜，有的則是水火不容。就像中醫用藥須得辨證施治，對症下藥。如果違背辨證施治的原則，對寒症病人施以寒涼藥，對熱症病人卻施以溫熱藥，無疑是雪上加霜、火上加油。那麼，要怎麼知道自己適合什麼樣的風水格局呢？

這就要用到四柱命理學了。出生在不同時間的人，所秉受的天地五行之氣也不同。一個人只要五行平衡，身心也會健康無虞。如果五行之中有的強、有的弱，過強、過弱的五行所對應的器官就容易發生疾病。而如果加入五行中的某個元素，就能糾正五行的不平衡狀態，這個五行元素就叫「平衡用神」。

一個人的四柱命局如果偏燥、偏熱、偏寒、偏濕，那就需要調候。例如，出生在火旺的夏季，四柱無水或水特別弱，烈火炎炎，火多木焚，火旺金裂，火旺土燥，則急需水來調候。出生在水旺的冬季，四柱火弱或無火，則金寒水冷土凍木僵，急需取火以溫暖其他五行才會有生機。這用來調候的水、火，就叫調候用神。

要調整一個人的五行偏差，就要以四柱用神來損其有餘，補其不足。就像中醫治病，熱者涼之，寒者溫之，虛者補之。

四柱用神為火者，選擇陽宅要考慮風水格局為火局的房子，選擇屬火的樓層。

四柱用神為水者，選擇陽宅要考慮風水格局為水局的房子，選擇屬水的樓層。

四柱用神為金者，選擇陽宅要考慮風水格局為金局的房子，選擇屬金的樓層。

四柱用神為木者，選擇陽宅要考慮風水格局為木局的房子，選擇屬木的樓層。

09 如何看樓房周圍風水的好壞？

判斷樓房風水的好壞，首先要觀察建物周圍的環境，如前後左右的道路、河流和人工建築物的情況。

1 **首先看河流和道路**。如果有河流或道路環抱為吉，如果被河流或道路的彎弓頂著，是為反弓水，不吉。若道路或河流筆直地沖來，是為箭煞，不吉。

2 **看建築物或山體**。若是背後有高大平整的建築物，或方、圓、尖的秀麗山體做後托，吉。後面低矮或後面零亂、空缺、有尖射、過於逼壓等，不吉。

前方逼壓、閉塞，有屋箭、屋角等形如凶器的建築物沖射，不吉。前方開闊、景色秀美，吉。

左邊的建築物高於右邊，一般論為吉；右邊的建築物高於左邊，特別是有奇形怪狀的建築物，一般論為不吉。

3 **看地形、地勢**。樓房不宜孤立山頂，不宜建在水體上。不能建在懸崖峭壁的下面。

4 **看周圍有無寺廟、軍警單位、火葬場、公墓、監獄、神壇等**。住家應遠離這類建築物。

總體來說，周圍山清水秀，後有高靠，前有秀水，環境整潔優美，沒有明顯的形煞，採光通風良好，祥和安靜，這就是風水寶地了。

10 樓房立向與周圍形巒的配合

周圍有優質的環境，是陽宅好風水的基礎條件。要將這些條件發揮到淋漓盡致，便需要樓房立向的配合。

舉例來說：假如有個地方環境很好，既有山環水抱，又景色秀美。東北方開闊，一條小河經東方、東南方、南方彎環抱來，最後流向西北方出去，水口關鎖非常好。周圍的山或建築物符合後高前低、左高右低的要求，南方又比較開闊，一切好風水的基本條件都具備了。但是同樣這個地方，如果不懂立向，也會做成凶宅。

根據楊筠松楊公風水術的理論，此地建築坐向應該立坐正北、朝正南（即坐子山正針，向午山正針），才能實現丁財貴三全。如果立向錯立成子山兼癸或子山兼壬的座度，那就出卦了，變成「病死墓絕水上堂」，住進去就會藥罐不斷，破財、損人口，還會出現「成材之子早歸陰」的後果。如果是一家之宅，住久了難免絕嗣。

判斷房屋立向是否合理，可用直觀的方法看後山頂和前方堂局來鑑別。特別是靠山面水的房子，如果房屋的建築中軸線明顯偏離了後山的山頂，前方的堂局明顯歪斜而偏向一邊，此房的立向肯定不合理。

至於房屋精準的立向，必須使用羅盤格定來龍入首、格定水口，測準坐向，才能真正確定。

（六）辦公室常見的風水問題

01 會破壞人際關係的辦公室風水

風水對工作和生活有著重要的作用，無論是政府高官或基層領導，無論是小店老闆或大公司經理，辦公室和辦公桌的設置都有風水講究，吉祥方位的氣場對人的膽略、智慧有相當的幫助，進而能影響生意的興衰，事業的成敗。因此要注意辦公室的風水問題。

老闆或主管

1. **個人辦公室內有廁所：**除了空氣容易潮濕污穢外，也會讓員工感覺很神祕，稍有風吹草動就容易讓人胡亂臆測。
2. **夫妻二人單獨辦公室：**老闆跟老闆娘夫妻單獨使用一個辦公室，很容易讓員工跟老闆不同心，因此要盡量避免這種情形，最好兩個人不在同一個辦公室。

員工

1. **座位太擠：**除了進出不方便外，也很容易造成辦公室氣氛不佳。
2. **辦公桌隔板太高：**辦公桌隔板太高，雖然空間獨立性較好，但是與同事的互動會變少，人際關係當然會變差。

3 會議室堆放雜物：會議室是用來開會、溝通的地方，如果裡面堆了一堆雜物像倉庫一樣，會造成壓迫感，溝通變得困難，也不容易交心。

4 座位面向主管：很容易與主管發生頂撞，針鋒相對。

5 座位兩方相對：許多辦公室的座位安排是兩方相對，無形中就把公司分成了兩派，造成辦公室氣氛不和。

02 董事長辦公室的風水

董事長辦公室的位置是企業風水最重要的關鍵。

任何事的成功，無不講究「天時」、「地利」、「人和」。「天時」是指適當的時機，「人和」乃人事的努力，「地利」即是環境與空間的和諧配置。企業要成功、順利，以上三個條件缺一不可。尤其是「地利」條件，往往是企業主所忽視的一環，也經常因為「地利」的不利，導致整個企業衰退、破敗的命運。許多人敗在這一點上，卻仍百思不得其解。

成立公司之前，首先應考慮周遭的環境，交通是否便捷、建物的形狀、內部的格局與配置等，這是成功的第一步。董事長辦公室內部的配置尤其要講究。

董事長室應在公司最後方

全公司的格局方位，以董事長室最重要，原則上，宜在辦公室後方。就像軍隊指揮官在後方指揮調度，比較容易掌控員工，員工也比較敬業。反之，如果將老闆或總經理的位置擺在近門口處，變成了打頭陣的小兵，就會有「君勞臣逸」的現象，老闆事必躬親，員工反而比較被動，對公司沒有認同感。

建議董事長室可設在西北位，為「乾」卦之位。乾卦就象徵統帥、老闆等主事者。

辦公室的配置，一般而言，職位愈高者愈後面。好比銀行業來說，前線為櫃檯員，往後依次是襄理、副理、經理等，愈後面職位愈高。

銀行因為要服務大眾，增加親切感，所以大都沒有隔間，影響不大。但一般公司企業的主管應有隔間，以免「孤陰不生」、「獨陽不長」，整個辦公室空蕩蕩不聚氣，人事疏離；而且一眼望穿，老闆及總經理做決策時沒有隱私性，易遭小人，且有業務機密外泄之虞。

董事長室應有較高樓層

董事長與總經理的辦公室宜分開，不應共處一室，否則容易產生權力抗衡，難以協調，各有主見。

董事長室的坪數不宜太大，太大則不易聚氣，有孤寡之象，業務會衰退。千萬別以為房間愈大愈氣派。但坪數太小的話當然也不好，代表業務拓展不易，格局發展有限。董事長室與業務主管室，最好設在較高樓層。

進入董事長室的動線應順暢

雖然董事長及主管房間大都在後面，然而從大門走到房間的動線不可彎彎曲曲，或有雜物阻礙須繞道而行，或曲徑幽深、陰暗。因為這樣一來，財氣不易進入房間，則業務困難重重。

董事長室的門向

董事長室的房門最好開在座位的左前方，從進門的方向來看就是右前方。因我們走路大都是靠右邊走。

或門位亦可依本命的吉方位而定，即生氣、延年、天醫、伏位方。或選擇旺氣位亦可，即正南、東北、正西位。以上三者皆符合則為上上之選，否則因地制宜即可。

03 辦公座位宜忌

1 **座位不能直沖大門。**大門為整個辦公室的氣流和能量出入口，座位正對大門會被入門的氣場沖到，容易影響一個人的潛意識、神經系統，使其脾氣火爆或無端生病。可在門口立一座屏風或植物來化解。

2 **座位後面宜有靠（牆或櫃），不能背著門或走道。**人的後腦為腦波放射區，也是人體對氣場最敏感的部位之一，因此座位後方最好是固定、不動的東西。如果背後老是有人走動，精神便不容易集中，無形中把注意力分散到腦後，影響工作效率和健康。

3 **座位前方不能緊貼牆壁**。人的眼睛長在前面，就是為獲取更多的訊息。如果座位太貼近牆面，看不見四周的人事物，潛意識會產生不安，也會影響神經系統的穩定。

4 **座位最好不要面對面**。這也是種心理煞，由於缺乏隱私空間，容易造成彼此的不舒服，要不就是工作不專心，光顧著聊天說笑了。最好在兩人之間放一些盆栽或文件隔開。

5 **座位不能正對廁所門**。廁所是穢氣聚集之地，長期坐在廁所門附近，或正對著廁所門的人，會因吸入過多穢氣而生病。如果不能換位子的話，可在廁所和座位間加裝屏風或大型闊葉植物，多少能擋掉一點穢氣，而且廁所門也必須隨時關上。

6 **座位不能在影印機或電腦後方**。影印機和電腦的電磁波輻射比較強，如果坐得太近或在電腦正後方，長時間下來便會影響自身的磁場，造成身心方面的障礙，運勢也會間接受影響。最好是保持距離，要不然放盆闊葉植物隔在中間也可以，但植物要定期更換，否則會變成第二個污染源。

7 **座位旁不能有洗手台或水龍頭**。有水出來的地方都會影響氣場，因為水本身能聚氣，也能擾亂磁場。長期坐在水龍頭旁邊的人，會有神經系統失調或運勢反覆的現象，最好是避開。

8 **座位旁不能有大垃圾桶或雜物**。和廁所一樣，垃圾桶或雜物堆也是穢氣的來源，避之則吉。

9 **座位不能光線不足或沒有窗戶**。座位的光線如果太弱，會造成太陽能不足、地磁能過多的「陰氣重」現象，久而久之，令人怠惰消極，並且容易悲觀。

⑩**座位不能正對廚房或瓦斯爐、冰箱**。廚房是火氣的來源，靠火氣太近會影響人體的神經系統和生理場，長久下來更會阻礙思考能力，因此最好避開。

⑪**座位不能正對著飲水機**。飲水機和水龍頭一樣是水氣的出口，尤其常常有人去開水、關水，更容易影響附近磁場的穩定。因此最好和飲水機保持距離。

⑫**座位不能正對主管或老闆的房門**。主管和老闆是管理者，按古代說法就是會「剋」下屬。座位正對著主管或老闆的房門，一舉一動都會受到他們的影響，無法集中精神，長久下來也容易與之起衝突。因此有種說法是，老闆要哪個人走路，只要把他的位子調到門口，這個人不久就會自動離開了。

⑬**座位正上方不能有樑或吊燈**。**人對頭頂的東西特別敏感，總怕上面會有東西掉下來**。因此，如果座位上方有樑或吊燈，潛意識就會武裝自己，增加心理壓力，無謂消耗過多的能量，沒做多少事就累得半死。

⑭**座位不能被大型電器圍住**。如電腦、影印機、傳真機和冷氣機等。

⑮**座位正前方不能是主要動線，亦即公司全員進出之路**。如果整天都有人在你前面進進出出，這種來往流動的氣場會干擾人的磁場，讓你精神不集中，心浮氣躁，做事常出差錯。

04 辦公室風水注意事項

辦公桌的理想方位

擺放辦公桌要看兩種辦公室情況。

第一種情況是沒有窗戶的辦公室，如大樓的中央區域或地下室裡，在這種辦公室裡，辦公桌的位置主要考慮兩個關係：一是不能讓辦公桌正對著門；二是身後要有牆之類的憑靠，不能空虛。

辦公桌避免正對門，主要是為工作時比較不會受到門外噪音的干擾及他人的窺視。身後不能空虛，主要是為減少來自工作者背後的空虛和不踏實之感，增加可靠性。

辦公桌前應有一個略加寬闊的空間，也就是「生氣」區，可使人胸襟開闊。辦公座位後面應是一堵實牆，因為牆壁如同山脈一樣讓人有堅實感，能使辦公桌有所依託。

第二種情況是有窗戶的辦公室。在這種辦公室裡，安排辦公桌的位置首先要察看窗外的環境，例如憑窗遠眺時，在窗戶正前方不能看到像煙囪之類的沖煞。

擺設辦公桌的忌諱

辦公桌擺設的忌諱，主要是指方位的不適宜，會使主管或老闆在工作時有不適之感。辦公桌擺設的忌諱，主要有四種情況：

1 忌座背門

將辦公桌及門正對面擺設，人背門而坐，這是第一要避免的。

2 忌座側對門

將辦公桌擺在進門的右側，犯了座側對門的忌諱，工作會受到干擾，工作效率低下，還會影響身體健康。

3 忌走道近窗

窗也是房屋的氣口，會納入生氣和煞氣，特別是開向人行道的窗，會納入更多的氣，就是行人的腳步聲、喧嘩聲，及其他噪音之類的煞氣。如將辦公桌擺在靠人行道的窗邊，就等於將辦公桌置於煞氣之下，且還時常會受到他人往來窺視。

4 忌座後有窗

如果將座位設在窗戶與辦公桌之間，背靠窗戶，這樣安排也應該避免。座後有窗，就像座後有門一樣不可用。窗是光和風的入口，本應該讓光和風從窗而入，現在卻被窗前的辦公桌椅遮擋，等於擋住了光和風的通道，也就是擋住了氣的流通，把流動的生氣變成了煞氣。

臨窗而坐，對於經商者來說是不利的。如果後背經常有風吹襲，人容易感到不安，常此以往會使人心神不寧，若再加上是寒冷之風的話，更容易使人生病。窗外的光從背後照入，得到的是背光，有礙視力；而且，從正面看背著窗光而坐的人，會看到一副陰森而恐怖的面孔。

背窗而坐缺乏堅實屏障的依託，且窗台過矮的話，還可能有不慎跌落的危險，應予以避免。

05 辦公桌風水祕訣

祕訣一：背後有靠，升官有靠

安置辦公桌第一要件為後方要有靠。如果後方是走道，辦公會比較不安穩，心神不寧。最好後面是牆壁，或配置桌子、矮櫃都可以。

祕訣二：前面開闊，前途無量

辦公桌前方正面要開闊，不可逼近。如果是貼著牆壁，前途也會像被牆阻擋一般，運氣無法展開。

祕訣三：正側無走道，升遷無阻礙

辦公桌的正、側面不可有走道如路沖般沖來。就像室外的路沖一樣，室內的路沖會有不好影響。

祕訣四：背後一道窗，貴人跑光光

辦公座位背後靠窗的話，就形成背後無靠的風水格局，不僅工作情緒不穩定，無貴人相助，且常會遭小人陷害。建議加裝窗簾，或以一道屏風擋著，便可化解背後無靠的不良風水。

祕訣五：正對廁所門，運勢不順暢

辦公桌正對廁所門，不僅在公事上會常被找麻煩，且穢氣聚集，也易讓人身體不健康。建議除了在廁所門口加塊深色的布簾擋住之外，更要經常使用除穢噴劑來除穢氣，轉換污穢的氣場，替你開啟好運。

祕訣六：高低擺錯邊，事業難伸展

推行計畫時老是不順利，屢遭他人阻撓，這時不妨檢查一下辦公桌上的擺飾，是不是剛好擺反了呢？一般來說，左邊的擺飾必須高於右邊，因為左邊是青龍邊，青龍邊要高，才容易得到他人的認同，以避免計畫常常生變、草草結束的結果。

祕訣七：人人背後過，小人也來到

若是座位後方總是有人走來走去，不僅會讓你工作分心，且容易招惹小人在背地裡說壞話或扯後腿，讓你的運勢大受影響。建議在辦公桌上擺三尊彌勒佛，一來可壓住小人，二來可帶給你心靈上的平靜，讓你無論何時都能笑口常開。

開運小叮嚀

1. 辦公桌不可亂。桌子亂，心也會跟著亂，思緒無法沉靜下來，事業不容易成功。
2. 避免在辦公室中擺放尖銳的飾品。因為這樣容易產生摩擦與爭執，易有得理不饒人或爭強鬥勝的心態，造成緊張對立的關係，阻礙事業發展。

3 避免在辦公室擺多刺的花或植物，如玫瑰、仙人掌；最好是像向日葵、太陽花、百合之類的植物，能讓事業發展順遂，增進人際關係。

06 布置招財開運的辦公室

人人都希望擁有舒服的工作環境，所以辦公室的風水布置成為風水學重要的一環。那麼，辦公室的布置有什麼風水講究呢？

1 辦公室掛圖不可太多而形成零亂；前方沙發桌不可直沖座位；窗外不可正對旗杆或電杆；背後不可老是有人走來走去。

2 辦公室內不要放藤類盆景。

3 辦公室之白虎方（西方），不可有震動的機器或馬達，如冷氣機或抽風機，頂上不可有水池；辦公桌右方（白虎方）不可安水族箱，不可放影印機。

4 辦公室或辦公桌切不可在垃圾焚化場旁邊；不可在公廁旁邊；不可在部下的前面，否則會造成賓主不分。

5 辦公室或辦公桌不可在機房上下，且左右前後不可有巷路沖身。

6 辦公室或辦公桌不可在廁所或廚灶的下方，亦不可在上方。

7 辦公桌不可太凌亂，天花板應清爽舒暢；桌前不要有屏風，前面不要放酒櫥，而且要將銀盾、獎牌之類的東西放在櫥內。

8 辦公桌或座位不可壓樑，前後左右不可沖櫃角；辦公桌前後不可沖屋外他人之屋角，前面應盡量有空間，亦即明堂要寬廣。

9 辦公桌左右前後不可沖廁所門，不可面對公廁之牆壁，不可背靠廁所，否則坐不安穩。

10 辦公室水族箱忌安在白虎方（西方），以青龍方（東方）為佳，也不可放在辦公桌的白虎方（西方）。

11 辦公桌顏色宜明朗淺色。

12 辦公室的內外門宜安在青龍方（東方），不可在白虎方（西方）。

13 辦公室的鏡子不可正沖門，否則口舌是非多。辦公桌前不可放鏡子反照自己，會心神不定。鏡子應安在光線暗的地方。

14 辦公室之金櫃口不宜向門口，主財來財去，也不宜向順水流，主耗財連連，也不可放在明顯之處，財不露白。

15 辦公室裝潢不宜太豪華，室內顏色以乳白、象牙色為佳。

16 辦公室地點宜在辦公大樓聚集區。

17 辦公室地點不可在風月場所附近。

07 辦公室如何擺設魚缸？

無論公私機構或一般家庭，擺設魚缸、放水車、風水輪已經成為普遍現象，由此可知相信風水的人非常多，因此，正確的風水知識便很重要。風水學認為「水管財」、「水即是財」，財的聚散與水有絕對關係。所謂的水，不僅指河川、溝渠，馬路也代表水，乃至於家中廚廁也都有水。以下就介紹風水魚缸（包括水車、風水輪）的擺放方式。

所謂「山管丁，水管財」，就是說有水才會有財。擺設魚缸有消極、積極兩種作用：積極的作用是聚氣，即聚集旺氣，以便聚財、旺財；消極的作用是擋煞，利用水的力量將衰敗休囚之氣擋住，不致傷人於無形。古人認為氣「乘風則散，界水則止」。所以水具有止衰氣、聚旺氣的雙重作用。

不過，並非所有辦公室都需要或適合擺放魚缸。有的辦公室風水正值旺運，只要格局對了就可財源滾滾，有的公司先天不良，要想順利經營就必須改造風水。例如辦公室有路沖、缺角，或正值衰運，大多需要利用水的力量來改造其氣場，以避免凶禍傷害，甚至能起死回生，旺財利市。

雖然「水」可擋煞聚財，但是水能載舟亦能覆舟，並不是隨便什麼地方都可擺水。「旺山旺水」在風水上固然是大吉大利，但若擺成「上山下水」，山水顛倒錯位，結果則會傷丁敗財，不可不慎。

水的方位吉凶，是根據時間流轉、元運、空間來決定的。元運為中國人特有的時間週期概念，是風水學、命理學計算時間的基礎。元運以一百八十年為一輪，分為三元（上元、中元、下元）九運，由黃帝軒轅氏出生年開始記數，每元有三運共六十年，每運二十年。目前正值下元運，即自一九八四年下元七運開始到二〇四三年，共計六十年。在下元運中，舉凡魚缸、水車或有水的廚、廁，皆不宜放在南方離卦、西方兌卦、東北方艮卦、西北方乾卦這四個方位，易招禍害，諸如敗財、疾病、爭論、婚姻不幸等事故。

每間辦公室的空間方位不同，魚缸必須放對位置才能真正發生效力。不過，北方坎卦、東方震卦、東南方巽卦及西南方坤卦這四個方位是安全有利的卦位，不會產生禍害，大多會有吉應。

辦公室的魚缸或水車，最好能放在進門附近，即前方明堂的位置，接近進門氣口，感應迅速有利，同時也是景觀的一部分，如果設計美觀，可令人心曠神怡，有助員工提振精神，擴展人際關係。魚缸、水車或水池附近最好能種一些植栽，除了美化環境，還能增強生旺之氣。

魚缸水位高度以人站著膝蓋以上到心臟之間為宜，但若放在座位附近的話，則水位不宜高於坐下後的肩膀，尤其不可高過頭頂，以免形成「淋頭水」，帶來壓力和傷害。

第一次養魚，最好選擇吉日良辰放水、放魚，須避免沖到老闆的出生年支。黃曆上標示天德、月德、天月德合日或天喜、天醫、歲祿等吉星的日子，皆為吉日。

若魚缸放置方位正確，養魚方法得當，通常魚都會活潑有生氣。如果常有死魚，要研究是否水溫、水質、陽光或魚本身有問題，否則就是方位擺錯了，再不然就是公司出問題的警訊，經營者要格外謹慎小心。

08 公司財務室的風水

辦公風水中，財務室的風水極為重要，因為財務關係到企業的發展，是企業的重要環節。財務室是企業的「活財神」，現金及帳務是企業的經濟命脈，企業的盈虧與財務狀況休戚相關。

由於財務室五行屬金，因此裝飾應該以白色、銀色為主，能增強招財進寶的能力。

財務主管、會計、出納人員的座位不可直對大門，與大門對沖將導致業務不順，身體不佳。且這些人員座位背後絕不可有走道，否則背後人來人往會大失財。

財務室存放現金的保險櫃須注意勿被大樑壓頂，否則易令財局受困。

財務室不可亂堆雜物像倉庫，或不加清理，布滿灰塵，使得旺氣變雜氣。不可放置會發熱的電器，如電視、暖爐等，蓋因火剋金也。

財務室天花板不可漏水，牆壁或地板油漆不可斑駁或磁磚脫落，這些都是風水上的大問題。

09 辦公室風水二十法則

1. 辦公室的風水吉利方位，需以負責人或最高主管為主。
2. 辦公室大門須比對面的門大，氣勢要贏，小則敗。
3. 辦公室天花板或牆壁滲水、漏水、龜裂，主漏財，須速補救。
4. 辦公室天花板以高為吉，太低則有壓迫感，不利業務推展，通風也較差。

5 辦公室大門最忌對到電線杆、大樹、煙囪、路沖。

6 辦公室主管、負責人座位旁邊不可有水龍頭，主漏財；其後方必須有牢固的靠山。

7 辦公室樓梯不可對大門，否則納氣與排氣相沖，對財氣、健康不利。

8 辦公室財位在進門斜對角，該位置要明亮、乾淨，忌空門、放假花。

9 入辦公室大門旁邊就是廁所，大凶。因為廁所會阻斷生氣進來，對財運、業務相當不利。

10 辦公室沒有窗戶是大凶。因為空氣無法交流，死氣沉沉。

11 辦公桌對廁所門，受廁所污氣薰染，日久必敗。

12 辦公桌不可破舊或損壞，否則對運途有損。

13 辦公桌最好用木質材料，用鋼、鐵製造較會影響磁場，稍微不佳。

14 辦公桌上方不可有橫樑或吊燈，否則對升遷、財運不利。

15 辦公桌後方最忌空門，亦即後方是門或窗，易缺乏安全感，最不易集中精神辦公。

16 負責人或主管的辦公桌對著廁所，會影響整體的營運及業務推展，同時對財運的殺傷力大。

17 辦公桌一端最好靠牆，較穩固；最忌將辦公桌斜放。

18 辦公桌後方必須是不動方，最忌走道或有人走動，因為缺乏安全感，易心神不寧。

19 負責人或會計的辦公桌，要有隱密性為佳。

20 辦公室的光線要明亮，以自然陽光最佳，人工光線較不好。

（七）常用的化煞吉祥物

01 龍銀旺財

許多人或許對龍銀感到陌生。龍銀是清末民國初期的銀幣，因為銀幣上刻有龍的圖案，故稱為「龍銀」。龍銀有招財旺貴人的功效，因攜帶方便，深受風水師及特定群體的喜愛，早年一枚只要十幾元，現在漲到幾百元一枚。

02 麒麟避邪化煞

麒麟是古代四大瑞獸之一，按類別又可細分為火麒麟、送子麒麟、財富麒麟，其功能分別是：鎮宅避煞、添丁旺族、催財旺運。八字命卦屬火的人，其守護神就是麒麟，不妨請一對麒麟放在家中的財位，為固財旺運之首選。

03 佛手印有何功效？

佛手印緣於古印度，在風水布局中有鎮宅化煞、壓制小人的作用。

04 哪種情況需用到開光文昌塔？

開光文昌塔有提升文昌位功效的作用。常見的文昌塔有七層、九層之別，論效果則九層文昌塔最強，用於提升孩子學習成績，旺文益智。文昌塔一般安放於小孩的文昌位，或擺在平常讀書做功課的書桌上。也有小型的文昌塔掛飾，可掛在孩子書包上，但前提是，一定要選擇真正開光過的文昌塔，才有旺文益智的功效。

05 紫晶洞有何功效？

紫晶洞形成於億萬年前的地質生成時代，地殼中的無水矽酸流入空洞，在一定的壓力和溫度下結晶而成，乃宇宙之造化，天地之結晶，日月之精華，為佛教七寶之一。

在所有水晶中，紫晶最具王者「尊貴之氣」，紫晶洞內部晶柱密集，彼此能量共振，產生強大的凝聚作用。可凝聚屋內正氣，改善屋內風水，是最佳的家宅、辦公室風水石，有聚氣集財、避邪驅凶的作用，擺在財位上最好。此外，也能穩定夫妻感情，增進智慧及集中力，所以放在臥室與書房內也很好。

06 三角金蟾的功效

招財金蟾的造型很多，一般為蹲坐於金元寶上的三腳蟾蜍，背負錢串，豐體肥碩，滿身富貴自足，寓意「吐寶發財，財源廣進」。故民間俗話說「得金蟾者必大富」。

請一對開過光的三腳金蟾擺在家居或商鋪中，有聚財旺財的功效。天命屬水的人，其守護神為三腳金蟾，效果尤佳。

07 開光金龍的功效

龍為古代四靈獸之首，除了代表權威之外，還是富貴吉祥的象徵，可用來防小人，生旺化煞，吸財氣。開光銅龍（金色的，也就是金龍）能增加祥瑞之氣，加強權力，尤其適合行政人員或政界人物使用，利於增加權威。八字命卦屬金的人，其守護神為金龍。

開光銅龍有如下功效：

1. **防小人陷害：**命中易犯小人時，可在辦公室（辦公桌）左前方安置開光銅龍鎮小人！
2. **專招貴人：**有助職位升遷及事業順利！
3. **化解陰氣過重：**家中多女而男丁稀少，造成陰盛陽衰，或家宅陰氣重時，安置開光銅龍可增強陽氣！
4. **化解虎邊高煞氣：**家宅右側高或龍邊低陷時，風水稱之為「虎高龍低」或「虎長龍短」，易導致「旺女不旺男」的情況，甚至會有寡婦的憾事發生，可在家宅左邊安置三尊開光銅龍鎮宅。如果家中一直生不出男孩，也是同樣情況。
5. **宅大人少：**安置開光銅龍可聚氣！

6 **化解肅殺之氣**：正門面對法院、監獄、軍營時，可安置開光銅龍化解！

7 **旺財**：安置在魚缸上或旁邊，可吸水納財，或安置在家宅的生氣方（即財位方）。

08 粉晶狐狸催桃花，旺人緣

粉晶主人際關係，可增進人緣。在生意場所或人員進出頻繁的地方擺設粉晶，可建立良好的公共關係，促進生意緣。粉晶也可舒緩緊張、煩躁的情緒，保持心境平靜。

至於狐狸，大家都瞭解，這是非常情感性的動物，所以用粉晶雕刻狐狸，散發出溫和而吸引人的粉紅色光芒，可使四周的人喜愛自己，不管是對客戶、上司、下屬或同事，粉晶都可帶來絕佳的輔助及改善效果，使人際關係更加圓融，人氣更加暢旺。

09 貔貅聚財、守財

貔貅有鎮宅辟邪的作用。在家中安放貔貅，可趕走邪氣，有鎮宅功效，是家的守護神，可保闔家平安。同時貔貅還有聚財、旺財的作用，尤對偏行、收入浮動者有奇效。除了助偏財之外，對正財也有幫助，所以做生意的商人也適合在公司或家中安放貔貅。

貔貅有公母之分，公貔貅代表財運，母貔貅則代表財庫，有財要有庫才能守得住，因此貔貅大都成對擺放，一公一母，才真正能夠招財進寶。八字命卦屬土的人，守護神為貔貅。

安放貔貅要注意以下幾點：貔貅的頭不可沖廁所；貔貅的頭不可沖鏡子，因為鏡子會產生光煞；貔貅的頭部不可沖床，會沖到自己。

安放時，貔貅頭沖門口為招財，方便它從四方吃財、招財給你；如果擺在窗戶位置，則嘴沖順著外面的路，其意為驅邪。

平日供奉貔貅的方法十分簡單，只要每天放一杯清水在它旁邊就可以。

⑩ 五帝錢的作用

五帝錢是由清順治、康熙、雍正、乾隆、嘉慶等五位皇帝在位期間所發行的錢幣組成，有擋煞、防小人、旺財及避邪的功效。要想為自己招財的話，隨身佩戴五帝錢，就有招財催財的功效。前提是五帝錢一定要開過光。

此外，五帝錢在日常居家還有化煞的功效：

1. **槍煞：**也就是門外和直路相沖。作法是將五帝錢放在門檻下，或藏在門樑上即可
2. **開口煞：**多見於大樓或公寓裡，指的是電梯直沖住家大門，住戶會常有不明原因的健康問題。將五帝錢懸掛於大門門框右上角，即可化解。
3. **壁刀煞：**指的是住宅的門窗，對到其他房屋的牆角，居住者極易有血光之災。將五帝錢掛在壁刀對面的牆壁上，即可化解。

12 如何輕鬆化解日常各種煞氣

01 樓梯對大門的沖煞應如何化解？

這種煞常見於一梯三戶或一梯多戶的住宅格局。以一梯三戶為例，樓梯左右兩戶都無此影響，但偏偏中戶就正對樓梯，便是此處所說的「沖煞」，又叫「牽牛煞」。此煞容易導致財運、好運及健康等向外流。

化解方法：

1. 在住宅大門門檻處或地墊下，放一串開光五帝錢或六帝錢都可以。若樓梯向下，則必須懸掛一面八卦鏡（凹鏡），以便吸收流走的財氣。
2. 可在住宅的外門口安置一個泰山石敢當來鎮宅，化掉此煞。

02 如何化解大樓的反光煞？

「反光煞」是指周圍建築物的玻璃外牆，將光線反射到自己所在的此棟大廈，那麼此大廈就犯了反光煞。反光煞極易導致住戶犯血光之災或意外碰撞等。

化解方法：

1. 可在玻璃上貼一層半透明或微透明的玻璃膠紙，以緩衝反光煞對此棟大廈員工或住戶的影響。
2. 在窗戶兩邊各掛上一枚五帝葫蘆錢或化煞葫蘆，可收盡煞氣，以緩和血光之災的發生。

03 住宅或商鋪鄰近煙囪，犯了沖天煞，如何化解？

住宅或商鋪周圍有高大的煙囪就是「沖天煞」，簡稱「沖煞」。不管是廢棄的煙囪或使用中的煙囪，對周圍的人都會產生不利的影響。如：家宅氣場不穩，健康狀況差（極易患胃病、喉病），或更加可能發生意外。

化解方法：懸掛山海鎮或八卦鏡凸鏡，朝向煞方即可。

04 住宅附近犯了火形煞，有電塔或信號發射站，如何化解？

火形煞就是指狀如火焰的建築、加油站、高壓電塔等，呈尖銳三角形的物體。無論是住宅或工廠，附近只要見電塔、信號發射站，或大型的避雷針等尖銳高大的東西，均屬犯火形煞，主血光、火災、健康出問題，及多口舌是非之爭。尤其是信號發射站影響更大。

化解方法：

1. 安放一尊開光的龍龜，頭朝煞氣方即可
2. 在面對火形煞的窗口或門口處，擺放一對開光玉麒麟或一對土做的酒罎子即可化解。

05 辦公桌犯了「門沖煞」，如何化解？

辦公桌對著門口就是犯了「門沖煞」。犯「門沖煞」的人，經常會有不明原因的頭痛、頭暈、失眠、健忘，進而降低辦公效率，生意不順、財運受阻。

化解方法：最好將辦公桌換個位置，如果不能換位置，就得在辦公桌的桌角掛一枚木製的小八卦鏡以化解。

06 怎樣化解「五黃煞」？

所謂「五黃煞」，係根據九宮飛星理論所推算出來

凶 五黃 廉貞土星	吉 一白 貪狼水星	凶 三碧 祿存木星
吉 四綠 文昌木星	吉 六白 武曲金星 中宮	吉 八白 左輔土星
大吉 九紫 右弼火星	大凶 二黑 巨門土星	凶 七赤 破軍金星

五黃煞

的。九宮飛星，顧名思義就是令九顆星分領九宮之一宮，每顆星都有其代表意義。其中五黃也就是廉貞土星，是代表災禍、大難及死亡的大凶之星。例如某年五黃在東南方，則東南方不宜動土。

化解方法：在五黃位放一對開光的化煞麒麟或化煞銅葫蘆，均可化解其煞氣。

07 建築格局出現「缺角煞」，如何化解？

北方缺角：北為坎宮，代表中男，風水上稱此位為靠山。此處缺角，代表家中無靠山，主人事業難完滿，易虧空。

東邊缺角：東為震宮，代表長子。此處缺角會對家中長子不利，不旺男丁，健康、事業都會受影響，尤其肝、膽方面更需注意。

西邊缺角：西方為兌宮，代表少女。此處缺角對家中十六歲以下的少女健康、學業較為不利，而且要特別注意肺和呼吸系統方面的疾病。

南方缺角：南方為離宮，代表中女。此處缺角，對家中中女健康不利，需注意心臟及眼睛方面的疾病。

東南方缺角：東南方為巽宮，代表家中長女的位置。此處缺角的話，對家中長女的健康、學業不利。

東北方缺角：東北為艮宮，代表家中少男，風水上稱之為子孫山，代表家中人丁是否興旺。此處缺角會對家中少男和所有的男丁不利。

西南方缺角：西南為坤宮，代表家中老母（女主人）之位。此處缺角，對家中女主人的健康及家庭狀況皆不利，也不利於投資。

西北方缺角：西北方為乾宮，代表家中男主人之位。風水最忌空缺此位，缺此角對家中男主人尤其不利，須特別注意。

化解方法：

❶在缺角處準備一個甕（肚大脖細，用陶土做的大瓶子），裡面裝陰陽水（一半開水，一半涼水），倒至八分滿即可。

❷有缺角處安放一尊大的石敢當，以補此處的缺角。若能兩種方法並用，效果最佳。

08 如何化解「白虎煞」？

「白虎煞」是指房屋或商鋪右方有動土的現象。犯白虎煞者，輕則家人生病或破財，嚴重的話甚至會危及生命。

化解方法：在受煞的位置，也就是白虎方，用一對開光化煞麒麟或金龍來制化白虎即可。注意，一定要是經過正規開光過的吉祥物，否則無效。

09 怎樣化解「踏空煞」？

現在有很多大廈設計成H形，就風水而言是懸而不實。還有很多大廈設計了騎樓，而如果騎樓部分剛好被買走用作住宅，那就是道道地地的「踏空煞」，將導致此戶人家家運衰落，犯小人、無靠山，或容易罹患精神方面的疾病。這種地方建議不要住人。

化解方法：用四個銅石敢當，分別安放在家中的四正位（正北、正南、正東、正西），然後在每個石敢當下面分別墊一枚龍銀，可化去大部分煞氣。

10 都市建築常會遇到「壁刀煞」，如何化解？

現代都市建築的壁刀煞特別多，若是住宅或辦公室對到壁刀煞的刀刃處，是大凶之兆，對著此壁刀煞的人極易有血光之災，或有破財的傾向。

化解方法：在正對壁刀煞的區域，擺放一件開光化煞麒麟，再配上一幅山海鎮，即可化掉百分之七十以上的煞氣。若想完全化掉，建議搬離此處。

13

外環境相關案例圖解分析

相關案例圖解分析

住宅西北方有大樹吉

住宅西北方向有大樹，具有守護住宅的作用，屬於大吉大利。如有此樹最好輕易不要砍伐，除非大樹擋住去路，否則應予以保留。

住宅獨高屬於孤陽宅

住宅的高度大致上應該與四周相協調，如果高出很多，則屬於孤陽宅，比較容易生出禍端。

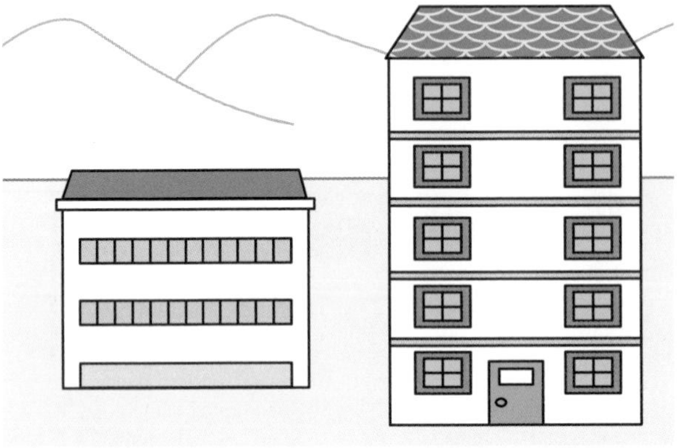

門前小路延綿，平安富貴

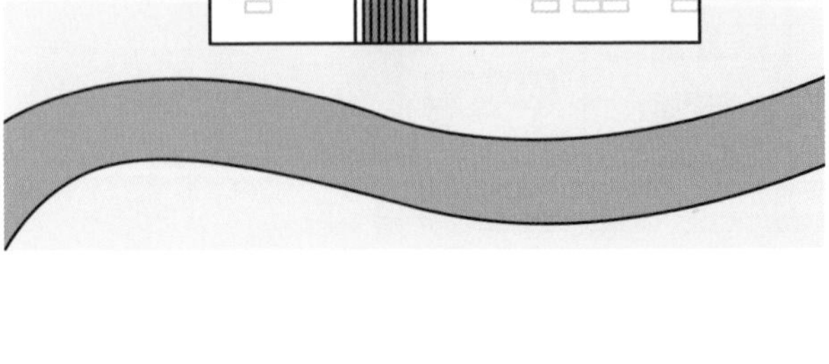

屋東屋南，忌諱濃蔭

房子的東面和南面如果有大樹，遮天蔽日，將會影響房子的採光和通風。

種植果樹，宅運不利

屋子周圍如果種植太多的果樹，將會吸收很多的地氣，對住宅的運氣也會有很大的影響。

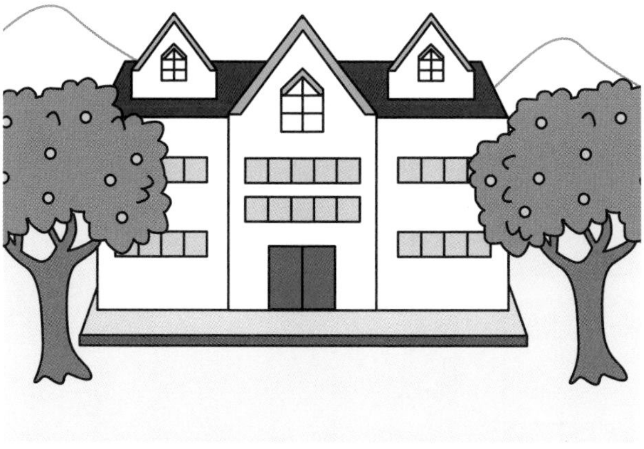

種樹可抵擋煞氣

沒有圍牆的住宅，如果窗戶或大門與鄰居的窗戶和大門相對，或有煞氣射進來，可種樹遮罩或阻擋煞氣。

有前沒後，不利夫妻

任何獨立的房子一定要有後門，如果沒有後門，就會造成夫妻不和。

屋頂天窗，過大致禍

住宅屋頂的天窗，不能開在東北和西南兩個方位上，否則大凶。天窗要與房子成比例，如果太大，陽氣過重，容易招災橫禍。

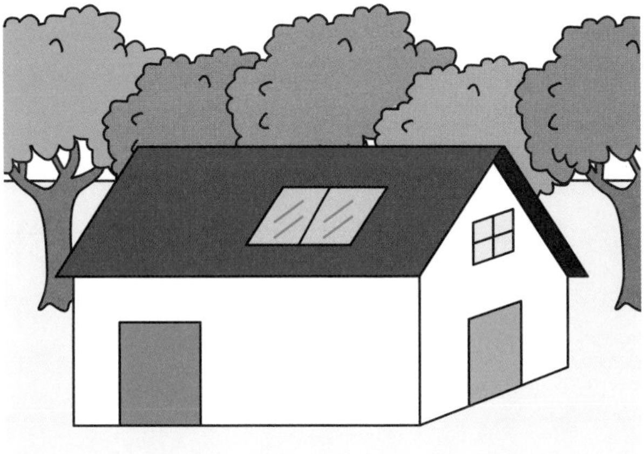

屋頂寒肩，久災破財

房子的屋頂要求整齊，不可奇形怪狀，如果中間陡起，屬於寒肩，容易導致火災和其他災害，一定要避免。

屋小門大，破財口角

住宅的門要和屋子成比例，住宅小而門很大，是一件不吉利的事情，一是易破財，二是易發生口角。

大門圍牆忌諱一高一低

圍牆的大門最忌諱一高一低，或一高一矮，主人有減壽的危險，也容易造成夫妻生離死別。

屋子地基要高於圍牆

有圍牆的房子，房子的地基一定要高於圍牆，或至少平齊，否則大凶。

房子西面有大路大吉

房子西面有大路，屬於大吉。但是如果房子的門朝西，就另當別論了。

門前枯樹，家道中落

即使門前有一棵小小的枯樹，也會對老年人造成很大的影響，也暗示家道中落。所以，一旦有了枯樹，必須將其連根拔起。

住宅南方見空地，宜家宜室

住宅南方見空地，屬於吉祥，對居住的人對產生很大的影響。

死巷盡頭，口舌官司不斷

住宅盡可能不要建在死巷的盡頭，因為這算是路沖的一種。住在裡面的人，極易招來官司和口舌，沒有安寧之日。

橋沖大門，時時破財

在住房面前有一座橋正好沖著，或在橋的兩旁建造房屋，容易導致破財。

三角圍牆，易生意外

有圍牆的住宅，一定要方方正正，最忌諱前寬後尖的倒三角格局，住在這樣的屋子裡，主人大多會患上精神病或自殺，及其他絕症。

種植榆樹，可避邪

有圍牆的房子，如果感到陰氣很重，可在房子外種植榆樹，有避邪的作用。

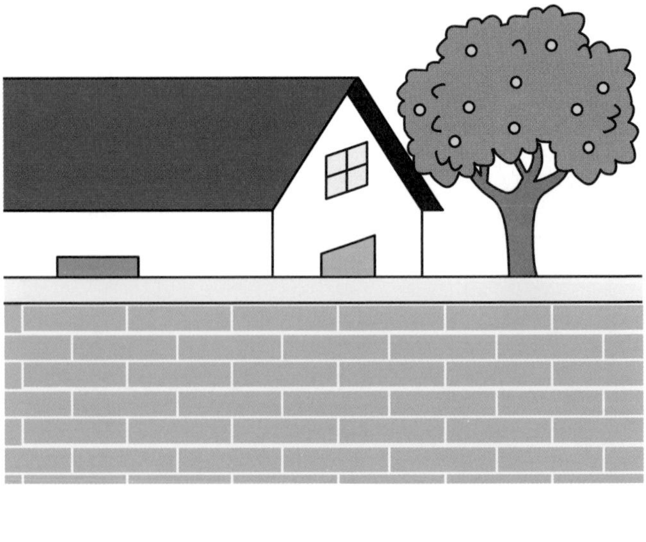

狀如監獄，日漸貧窮

住宅四周的圍牆，高度以略高過人體的身高為準，不能為安全，而將圍牆築得太高，或在上面加上鐵絲網，這樣就形成了監獄的形狀，人居住在其中將日漸貧窮，或有災難、官司等情形發生。

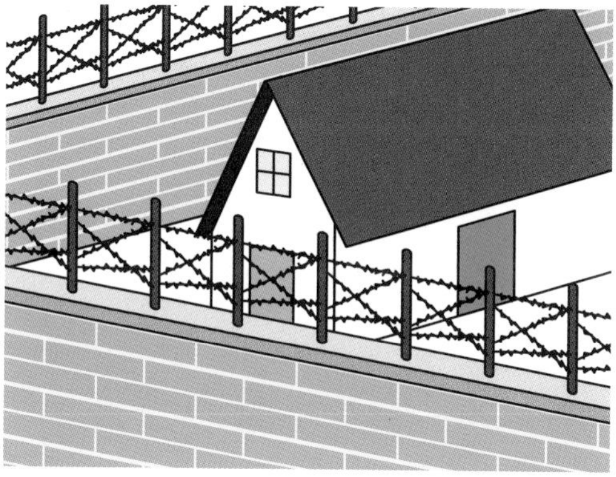

圍牆貼屋，諸事不順

房子的圍牆不能緊靠著房子的主體，兩者的間隔至少在兩尺以上，否則，主人辦任何事情都會不順利。

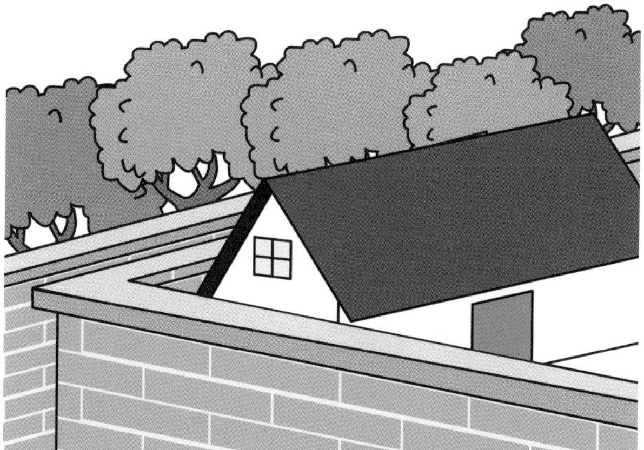

除草留根，後患無窮

房子建設的時候，一定要十分注意除草。最好是利用推土機重整一下地面，將草根全部剷除。如果草根清除不乾淨，很難有好的運氣，而且還會徒增禍端。

紫氣東來，大吉之相

不管什麼樣的屋子，如果在東面開窗，叫做紫氣東來，非常吉利。

門前「路弓」內射，大凶

住宅門前的路內射，就像一把弓箭，形成一箭穿心的態勢，這樣容易造成主人死亡，也對家中的女性事業不利，且女性易犯桃花。

門前「路弓加箭」大凶

住宅門前的路形成路弓，而且又加上一條直路，這比路弓更可怕。

池塘位置有學問

如果池塘位於房子的東方，則書房臥室不宜在東邊；重要抉擇地孔雀要在東面決策，如果在西面，則屬於白虎開口，大凶。

開門見山大凶

這裡所說的山，並非是遠處的山，而是近距離的山。如果房子非要建在山旁，也要背山而建，如果大門近距離對著一座大山，這必然造成氣體流通不暢，而且在心理上也會有種壓迫感，就會影響健康。如果面對的山坡上有墳墓，經常見到哭哭啼啼的人，更是大大的不吉。

住宅忌建在大橋旁邊

建在天橋或高架路旁邊的房子，一是振動過大，二是噪音很大，三是污染較重，長期居住，飽受噪音污染，容易造成神經衰弱。

圍牆開窗，朱雀開口

住宅周圍的圍牆不應該高過房子，更不應該開窗，這叫朱雀開口，對主人是相當的不利。

房子建在廢井上，當心鬼魅作祟

住宅一定不能建在大坑或廢棄不用的井上。如萬不得已，一定要添實添平，否則女主人精神恍惚，易犯精神方面的疾病，或發生鬼魅等不可思議的事情。

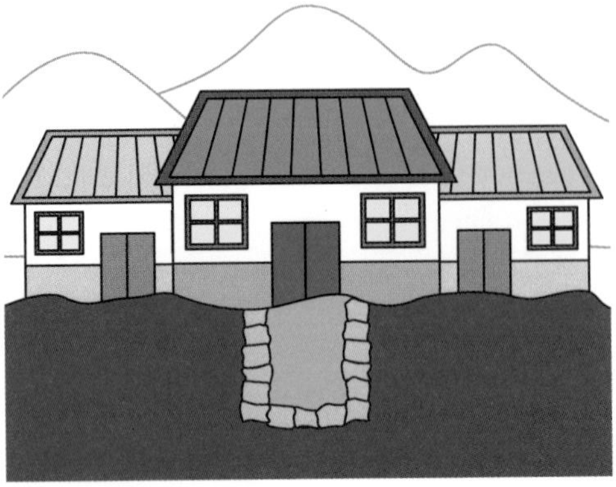

大箭從房經過，也是大凶

這樣的住宅會造成主人大肆的破財，官司不斷，甚至自殺。

水火不宜近鄰

俗話說：水火不相容。如果水和竈台靠得太近，就會造成內耗，家庭不和，能量也會損失。

身住騎樓，破財傷丁

大陸的住宅，經常可看到這樣的情形，一樓是店面，二樓就是住宅。其實這樣非常不利，一是對孩子不好，二是容易破財，住在這裡的人大多沒有正發過財，活得很累。

樓上加樓，當心凶剋

住宅如果需要加高，最好推倒重來。如果為省錢，在已有的房子上加高，在風水上屬於大忌。

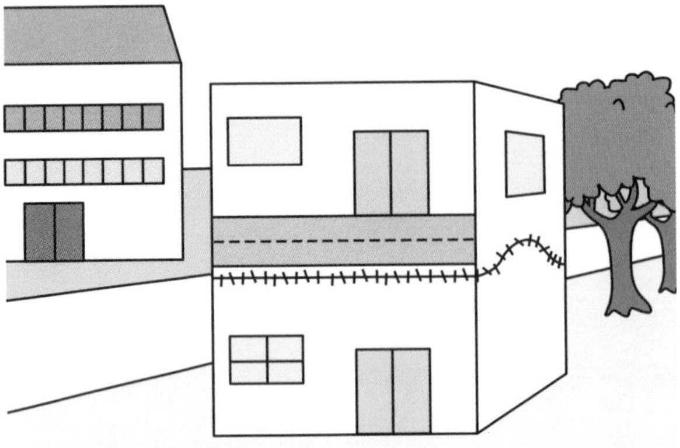

門框彎曲，大有災禍

大門的門框要先用上好的木材，如果以後變形彎曲，就會發生意外的傷害。

住宅忌被天斬煞砍來

天斬煞：面對著兩棟大樓的狹小空間，就像一把狹長的大刀，迎面砍來，這在古典風水裡被稱為「天斬煞」，屬於大凶，凶煞的程度與空間的高度及長度成正比。

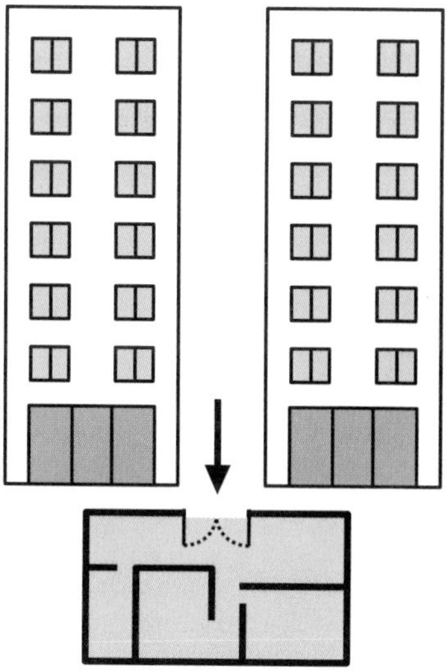

住宅忌三角形或不規則

三角形的房屋或不規則的房屋，角度十分尖銳，容易造成主人的精神緊張。古典理論還認為，這種結構的房子會造成家庭口角不斷，甚至引發離婚，不吉的程度與角度成反比。

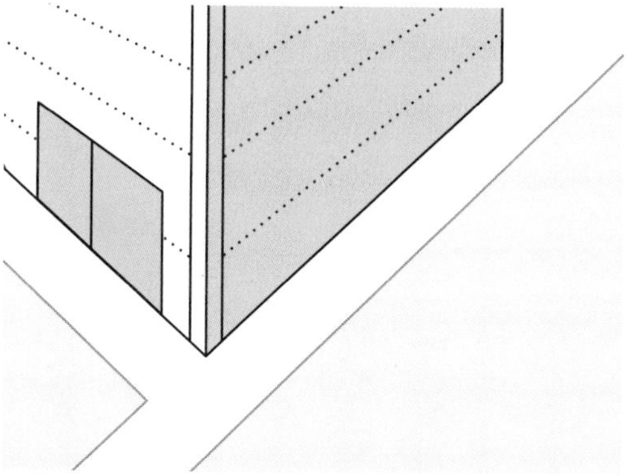

住宅忌建在低窪水淹處

房子位於低窪水淹的地方，屬於大凶。

住宅忌建在危險氣惡之處

居家附近有化工廠、儲存危險品的倉庫或加油站，大門對著法院、警察局、廟宇、監獄、醫院、殯儀館等容易受到不良「氣」的影響，應以不吉論。因為上述地點除了本身的工作人員之外，經常出入的，不是罪犯就是病人，或有霉運的人，大門對著這些人，確實不佳。

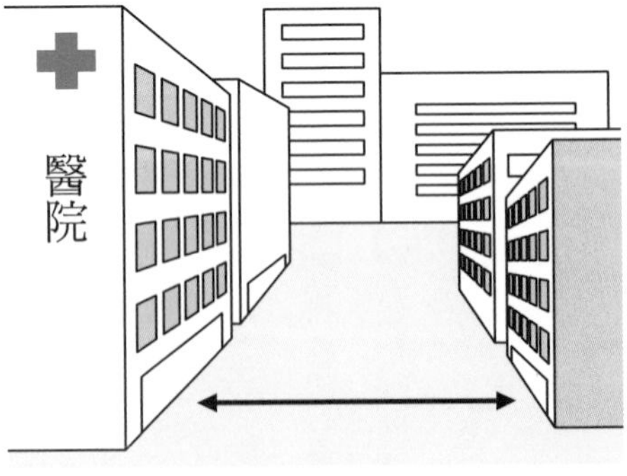

開門見河是大凶

門前有一條大河或排水溝經過，即使在排水溝通加蓋也無法排除不良因素。因為河流或排水溝容易造成環境不潔，加上濕氣也較重，容易影響健康。古典風水理論認為，這樣的房子還容易造成財運流失，屬於大凶。

開門見樹、電塔、電線杆及有路沖、巷沖大凶

門口最忌諱對著一棵大樹，或水塔、電塔、電線杆，因為樹屬於陰性物質，會阻擋陽氣的進入。電線杆等有強大磁場，對人體有較大影響。古典的風水理論還認為，開門見大樹或見小巷，也是大凶，容易走霉運。

住宅外樹上有螞蟻窩容易招小人

屋子外的樹上忌諱有螞蟻窩。否則對主人的事業不利，容易招小人。

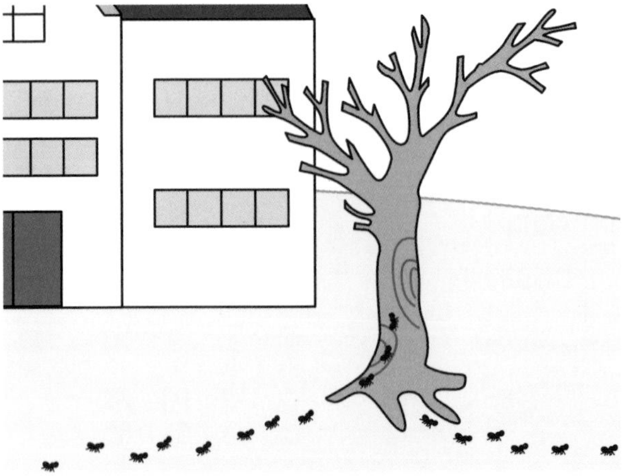

車庫忌諱設在相同的地下室

大型的獨棟建築或別墅，車庫忌諱設在相同的地下室，最好另蓋一間。因為有害氣體容易進入屋內，導致危險。

門前種柳，家運日衰

大門前的柳樹離房子越遠越好，如果在門前種植柳樹，家運將日漸衰竭。

枯樹敗枝，大大不吉

房子周圍種植一些容易落葉、容易敗枝的樹木，將會影響精神狀態，大大不吉。

住宅忌諱建在懸崖邊上

房子如果建在山邊或海邊的懸崖上，憑海臨風，平添了幾分詩意，是許多人的購房選擇。但是由於我們潛意識中有「未穩固」的感覺，長期居住，就會精神緊張，容易罹患精神方面的疾病。這類地點一般建寺廟或觀光飯店，如果長期居住，也是大凶。

住宅忌諱建在河流出口處

房子建在乾枯的河流出口處，大凶，因為這類地點是屬於沖積的平原，地基不穩。同時，河流出口是「散氣」的地方，地氣容易散發，無法凝聚，久住百害無一利。

岔路兩池塘，也是大凶

這樣的住宅會造成房子裡的人容易生病，住久了，人丁越來越少，所以千萬要避免。

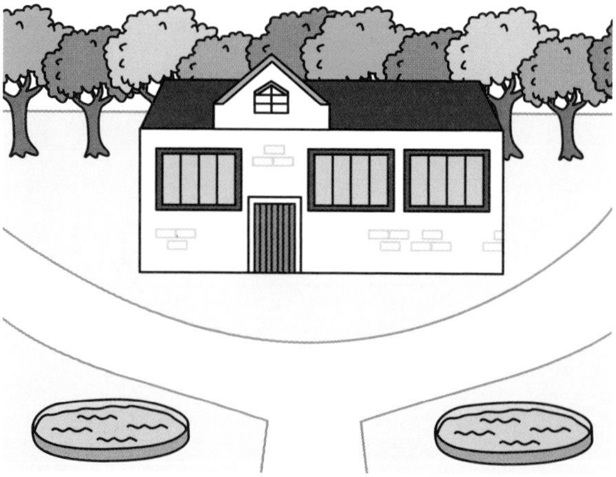

宅內相關格局圖解分析

頭頂橫樑，必有大凶

臥室的天花板最好平整，如有橫樑壓頂，必有大凶。

樓梯下不要放床

樓梯下放床，壓抑感自然而生，會導致事業不發達

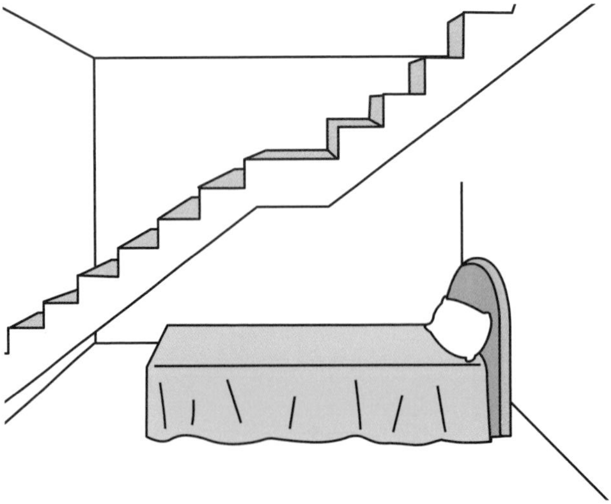

鏤空的天花板不宜採用

臥室的天花板不要鏤空，以平整為最好，否則影響運氣。

臥室的沙發不要太多

臥室的沙發不要太多，必會影響夫妻感情，引發口舌之爭。

天花板過低，影響情緒

天花板過低，必定氣體流通不暢，居住的人會有種壓迫感，久住會影響情緒。

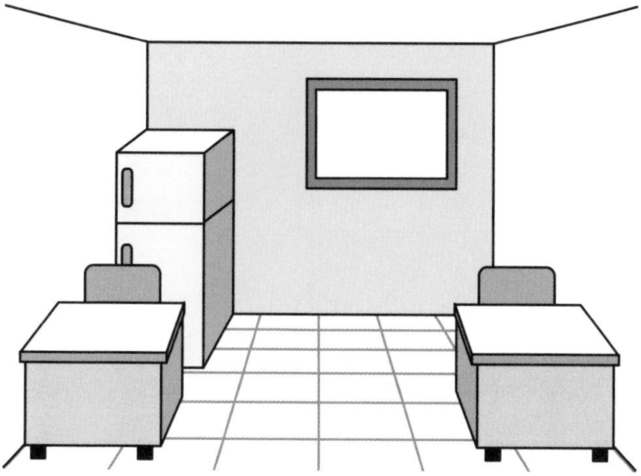

灶後有井，對女主人不利

廚房的後面不要有井，也不要有類似抽水機等機具，否則，將會對女主人有很大的不利影響。

水上設灶，不吉

水是流動之物，如果灶台設在下水道的上方，好日子就會白白流走。

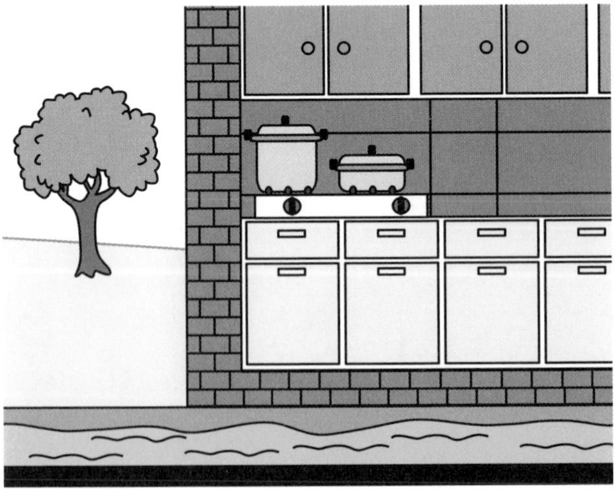

床下有破物，損胎兒

床下最好任何東西都不要放，放在床下的東西，時間久了，破舊不堪，對胎兒較為不利。

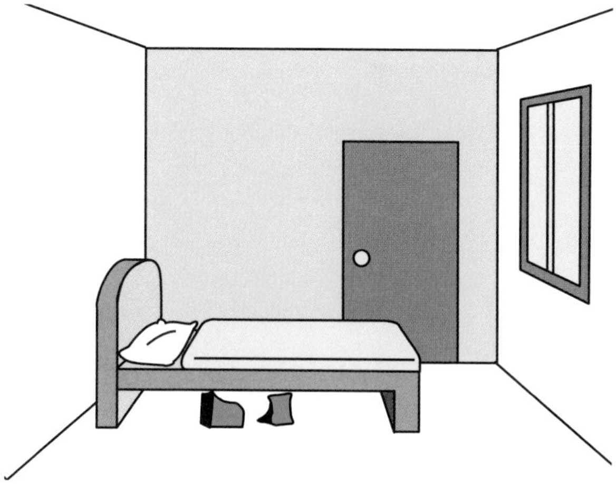

透明的家，不能居住

住宅盡可能的不要透明，這樣會沒有隱私感，心理緊張，不僅經常會出現發生口角的事情，而且房子中的女人也會犯桃花，更容易破財漏財之象。

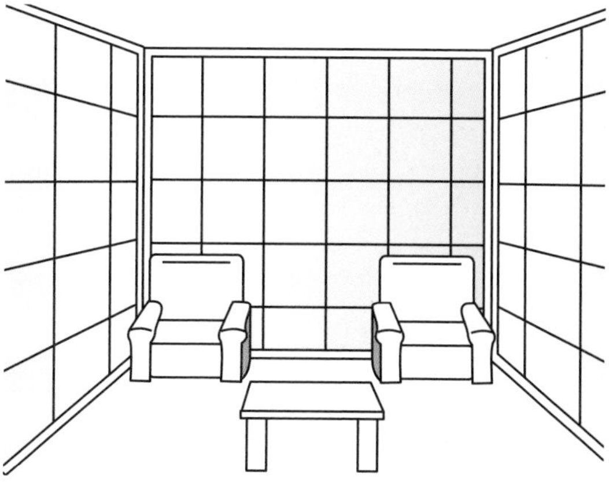

浴室不可完全封閉

浴室中最好有窗，陽光充足，空氣流通，如果不是，家中會有禍端。

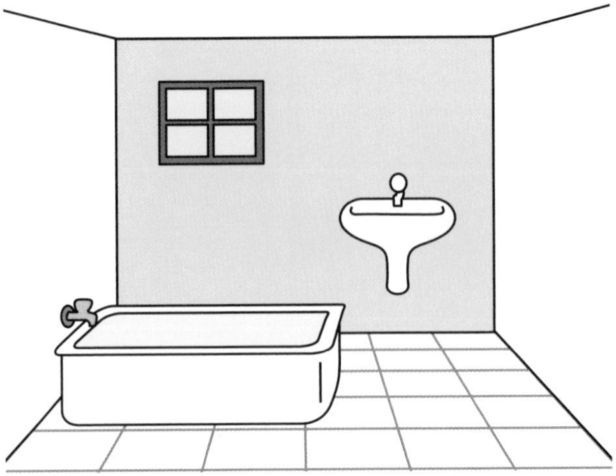

臥室窗不可朝北

臥室的窗，如果朝北，久住期間，會罹患呼吸系統的疾病。

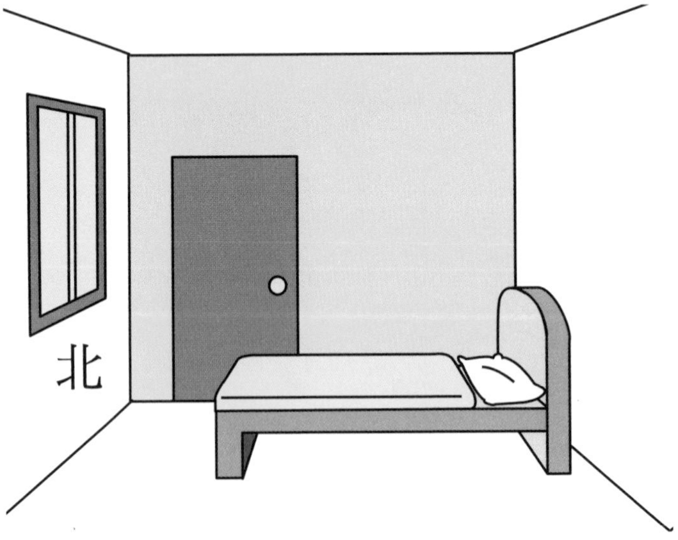

臥室柱角太多不好

臥室柱角太多，就會相沖，對身體大大不利。

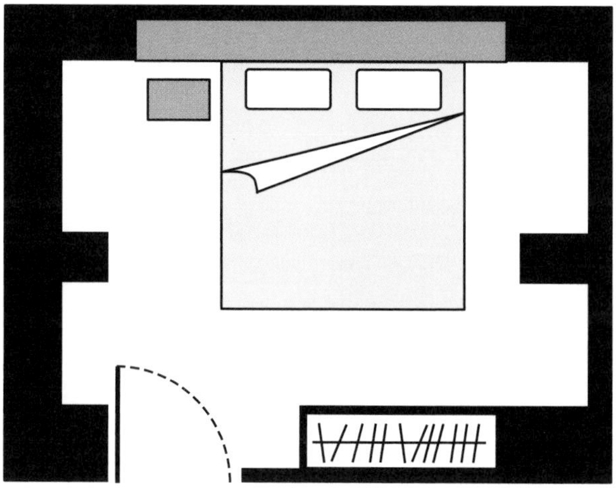

睡覺頭和腳不要朝著大門

床一定不可朝著大門，睡覺時頭和腳不要朝著大門。

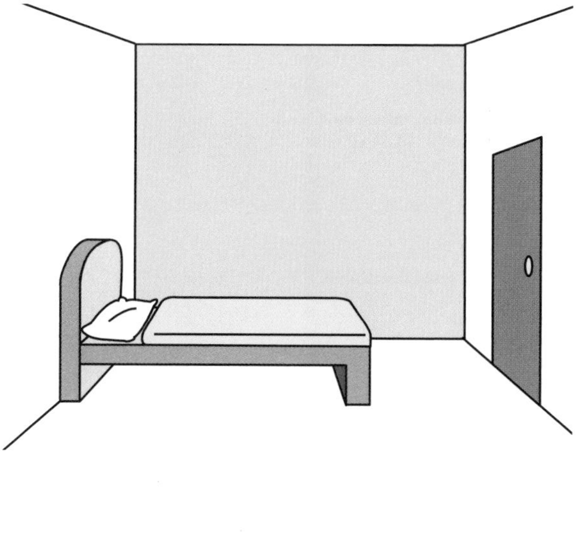

少用三角形家具

臥室的家具一定要方方正正，最忌諱的倒三角形，對主人和孩子很不利。

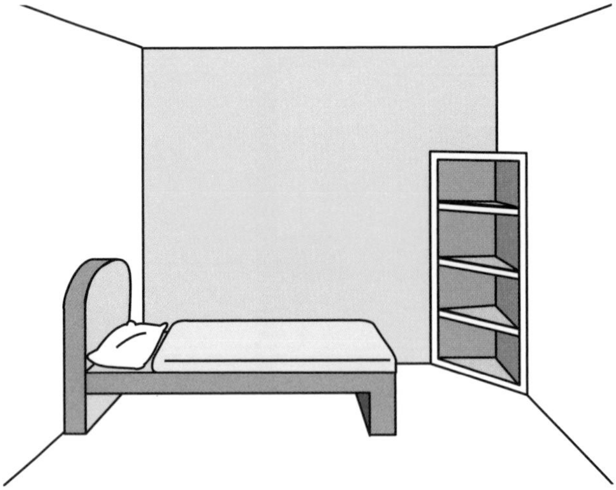

畸形的房間不宜用來作臥室

臥室最好方方正正，如要有畸形的房間，再大也不要作臥室。

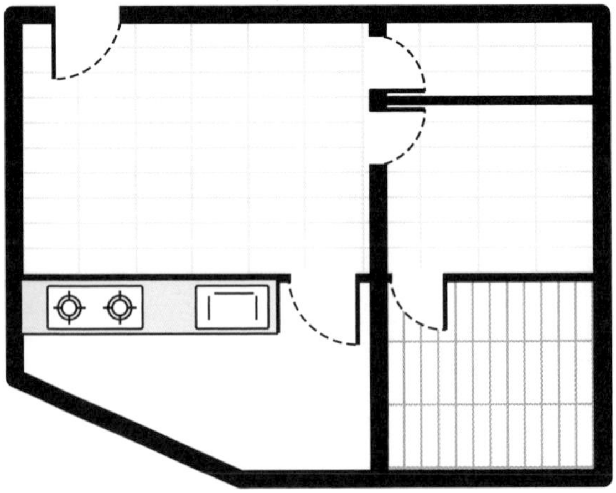

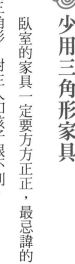

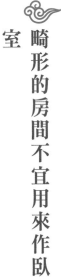

臥室中的浴室要保持乾燥

臥室中的浴室，水流一定要通暢，濕度太高，就會影響健康。

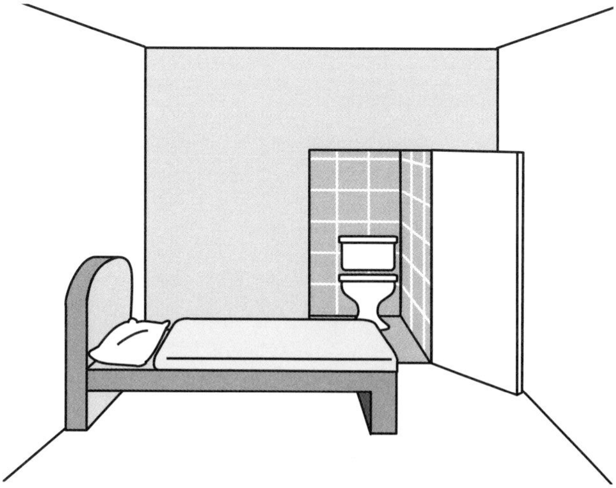

天花板的色調應該清爽明亮

俗話說，天清地濁。如果天花板色調過重，就是頭重腳輕，會影響人的心理。

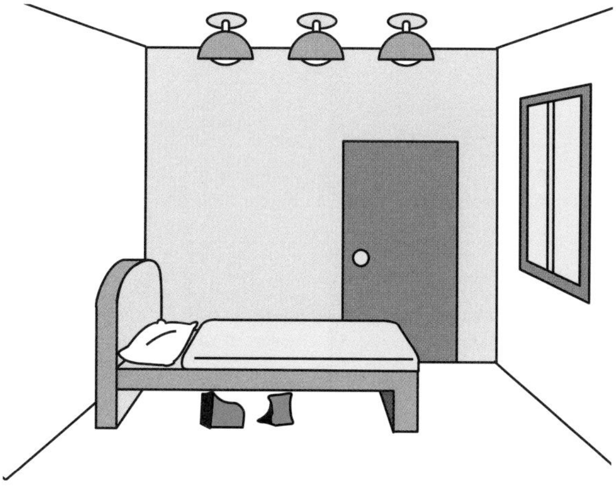

橫樑壓灶，婦女多病

家中的瓦斯爐，上方千萬不能有橫樑，如果有的話，注定婦女多病。

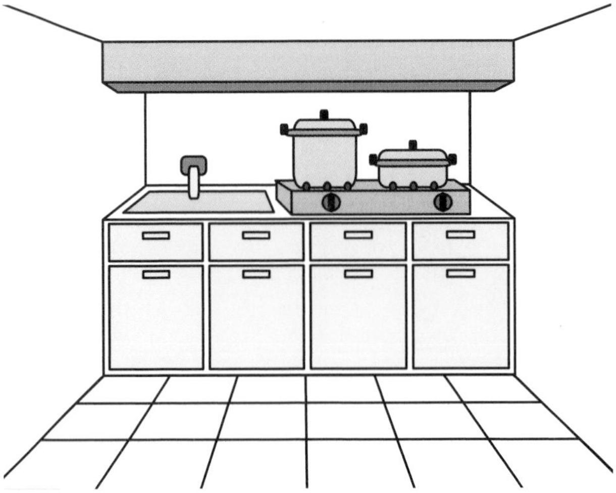

廚房晾衣服，多災

廚房不僅不能洗衣服，也不能曬衣服。如果在廚房曬衣服，主人會有災禍。

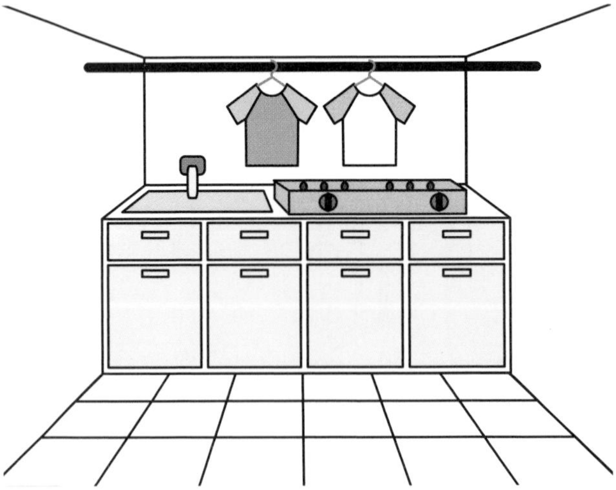

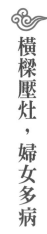

臥室的燈要暖色調

臥室的燈最好用白熾燈泡，少用日光燈。

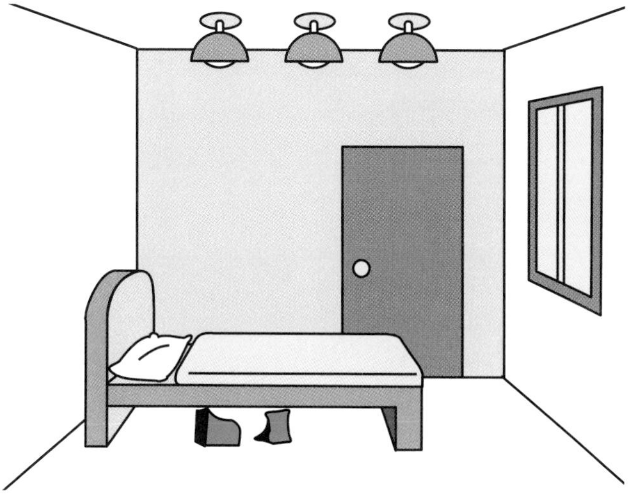

房間不宜放置兇器

臥室放置太多的兇器，殺氣太重，自然不利於健康和心情。

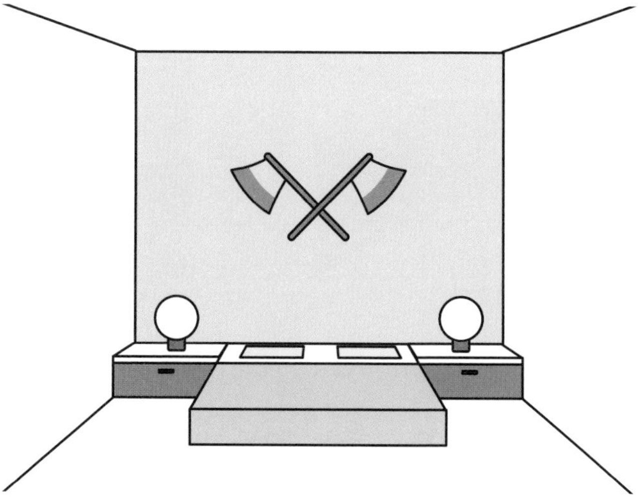

靠床的牆不要開窗

風水的根本就是氣流，靠床的牆不要開窗，也不要放置冷氣空調。

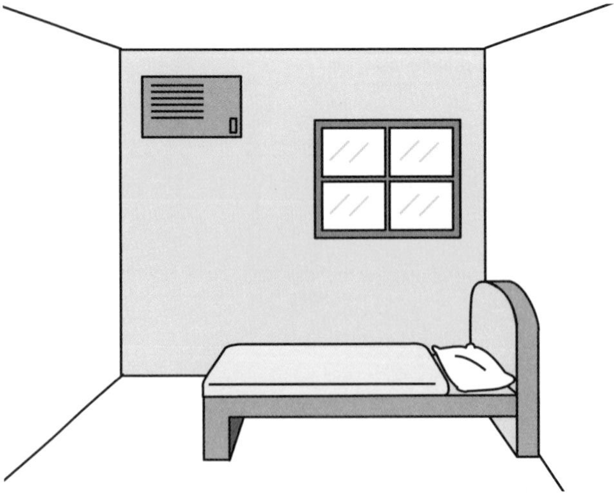

冷色調臥室主女性會導致女性感情不順

臥室的色調，應該多用暖色調，溫馨且心裡舒暢。不要用太多的冷色調，如黑、灰等，容易導致女性感情不順。

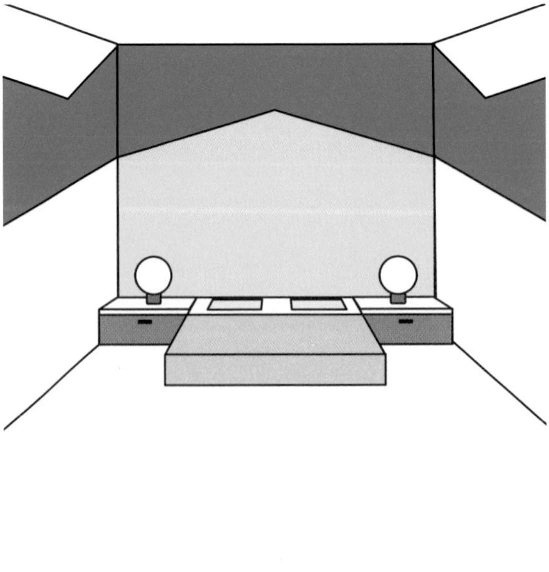

床頭切忌有壁櫃

床頭一定要簡單，不可放太多的東西，否則泰山壓頂，對心理造成很大的緊張。

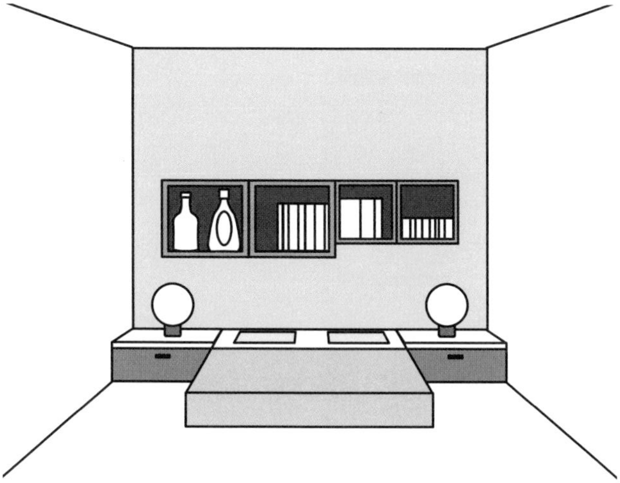

臥室應該暗但通風要好

臥室的色調要暗一些，較具隱私感，但是通風一定要好，光線也一定要照進來。

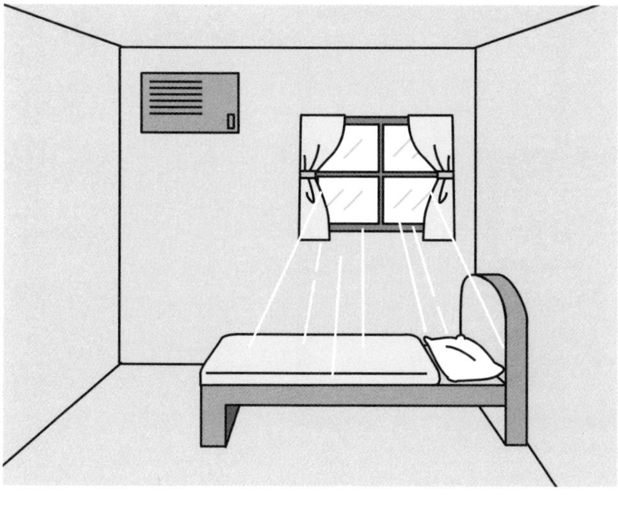

宅內平面格局相關圖解分析

臥室不能近臨廚房

臥室靠近廚房，大凶，且對幼兒也較為不利。

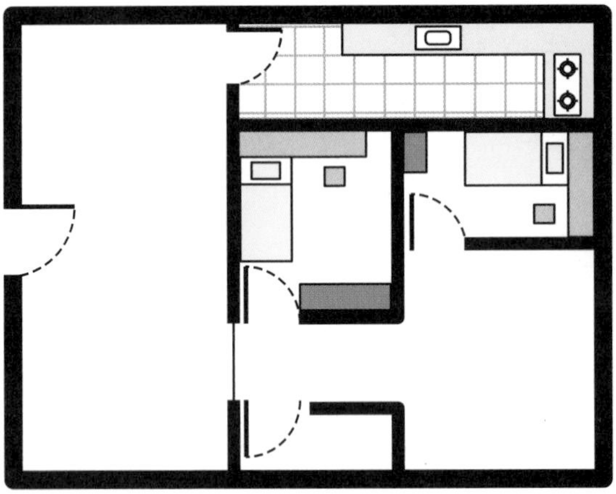

房屋正中是廁所，妨害主人

房子正中是廁所，對主人大大不利，也容易罹患疾病。

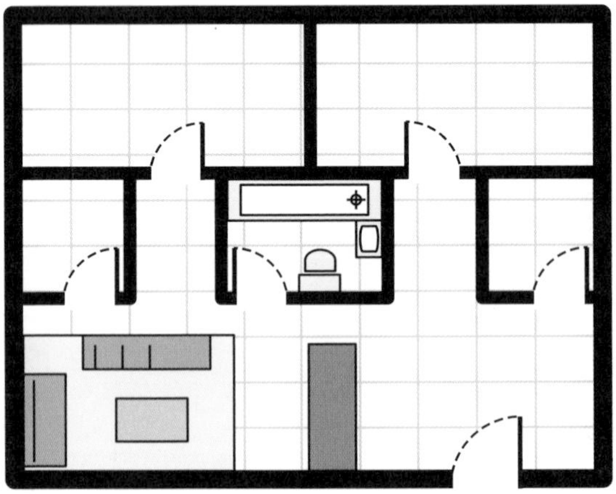

居室缺四角，必定大凶

一棟房子如果四個角都缺，是大凶之宅，絕對不能入住。

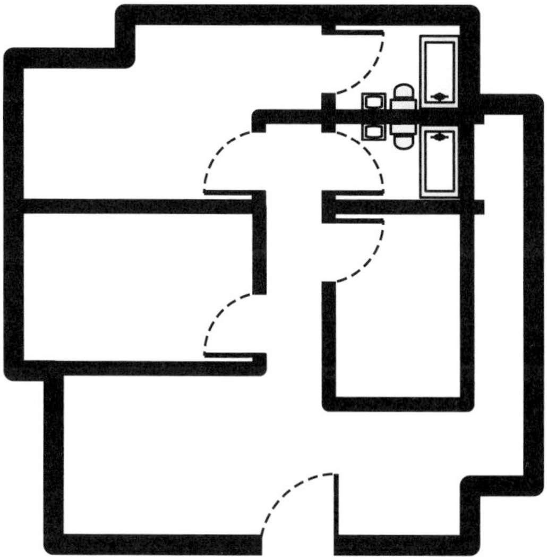

住房缺西北角，影響宅主

住房缺西北角，影響宅主，而且主人也極易罹患呼吸系統的疾病。

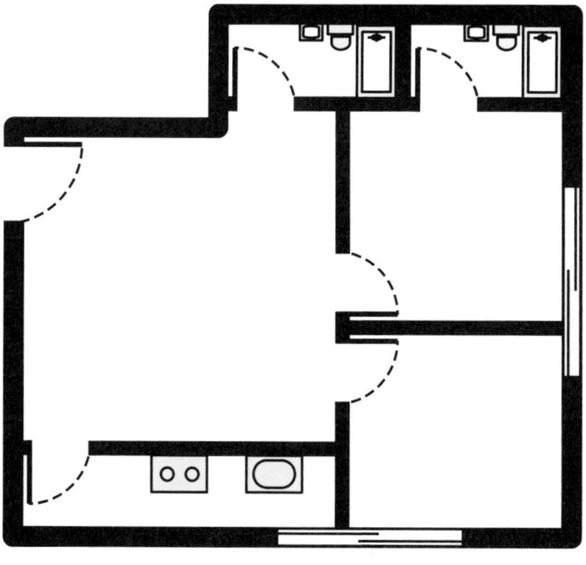

住宅缺東南角，影響子女

住宅缺東南角東南為文昌位，影響子女學業，而且家人多會有不和睦的現象。

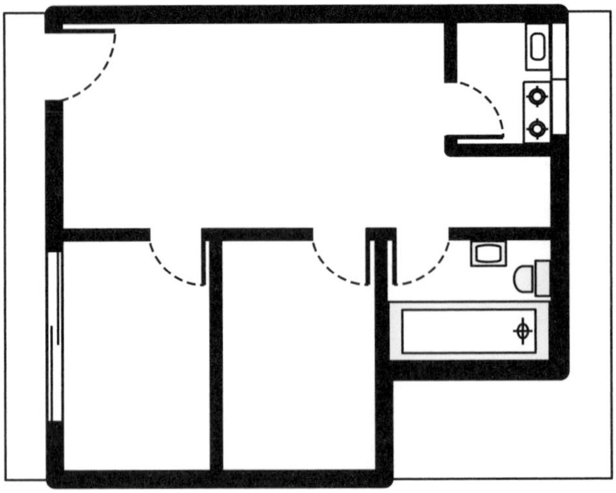

房門對著大門，沉溺淫欲，不想待在家裡

臥室的門不能對著大門，否則正派的人也容易拈花惹草。

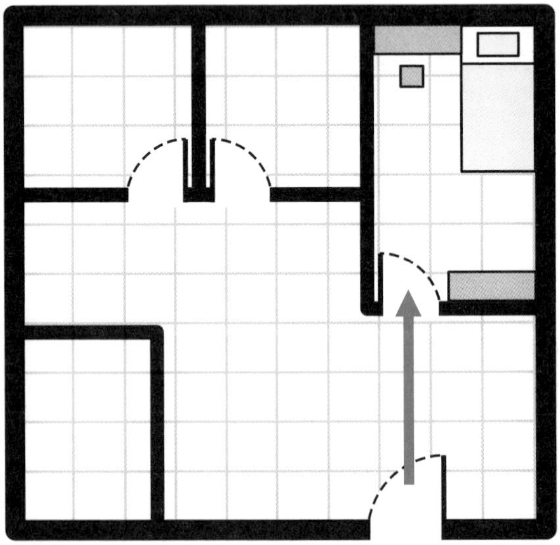

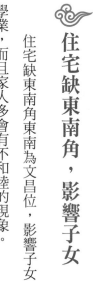

臥室在前，退財之象

現在的居室往往因為結構的緣故，把臥室放在客廳之前，這樣的房子叫「通財之宅」，住進這樣的房子，必定會每況愈下，沒有一個發達的。

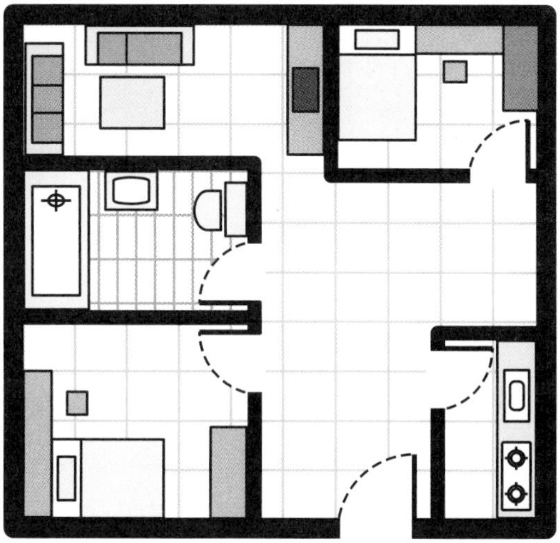

正中之房，不可空置

正中的房間，不宜擺放重物，但也不可空設，空置不用是大凶，但也不能當作浴室或廚房，最好當作臥室或客廳，如果太小，可作為儲藏室。

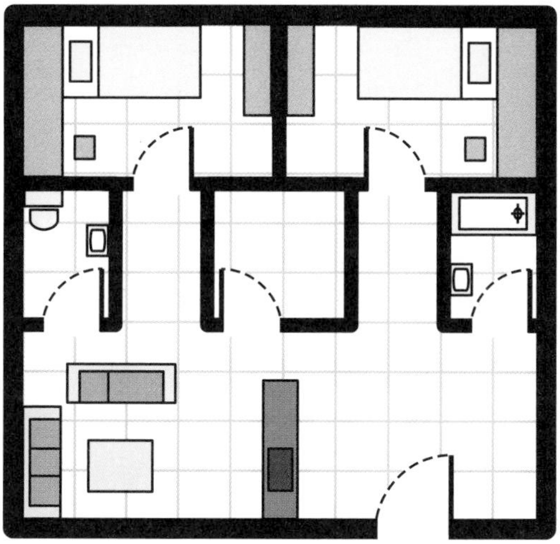

進門見到廁所或廚房，是退運之宅

所有的房子，進門應該見到的是客廳，但是建築商為節省空間，許多房子一進門見到的往往是廁所或廚房及餐廳，在風水學來講，這是非常不合理的，容易造成家運敗落，這種房子最好敬而遠之。

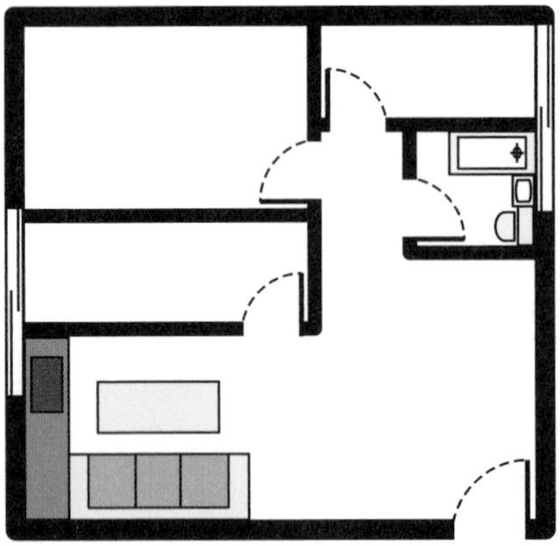

床鋪正對房門，不吉

床鋪對著房門，私密感降低，必然引起神經衰弱，惡夢連連。

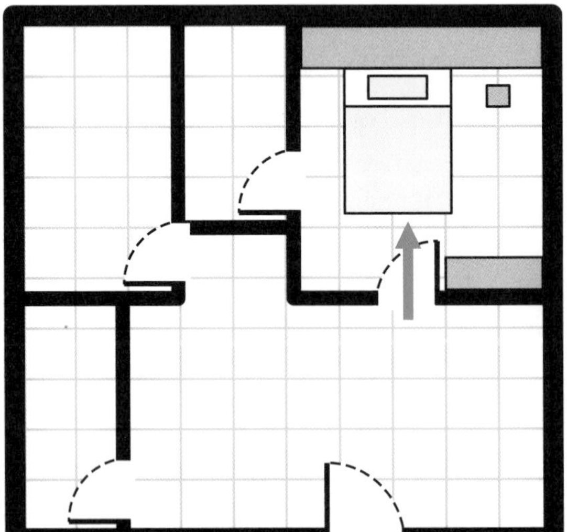

正北凹入，也是大凶

住宅正北凹入，也是大凶，難享富貴平安。

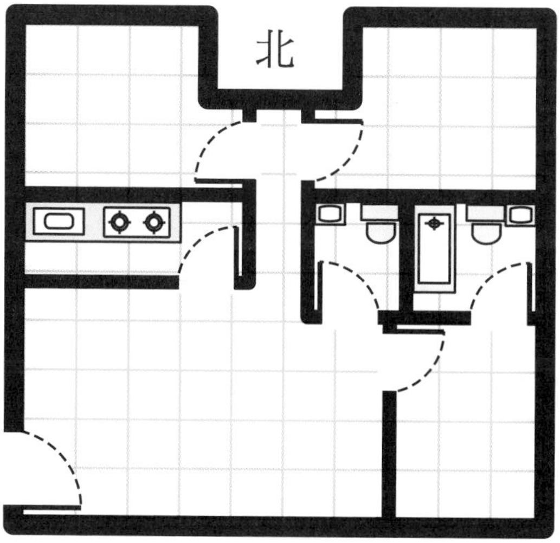

馬桶不能與大門同一個方向

浴室中的馬桶如果與大門同一個方向，家中的人很容易罹患皮膚病，尤其容易患上疔瘡。

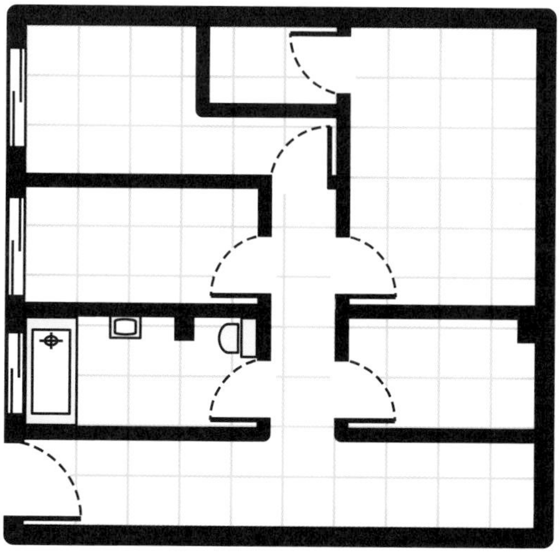

南北都凹入，災運連連

房子的南北都有凹入，久住期間，官司不斷，災害不斷。

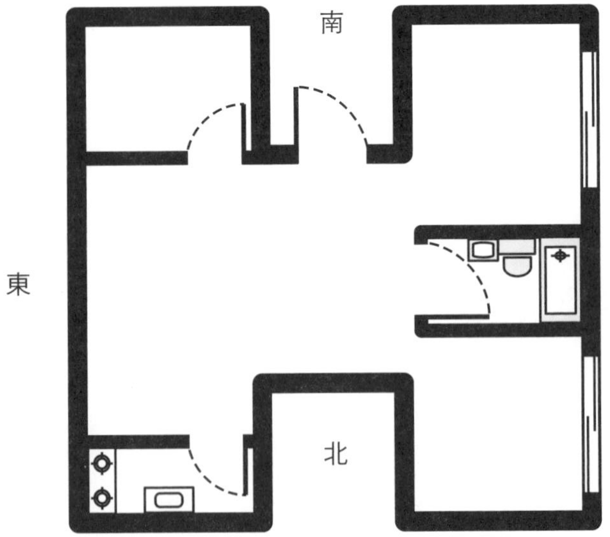

東西都凹入，一生忙碌

房子的東西都凹入，雖然沒有大礙，但主人有志難成，一生忙碌，不可成大器。

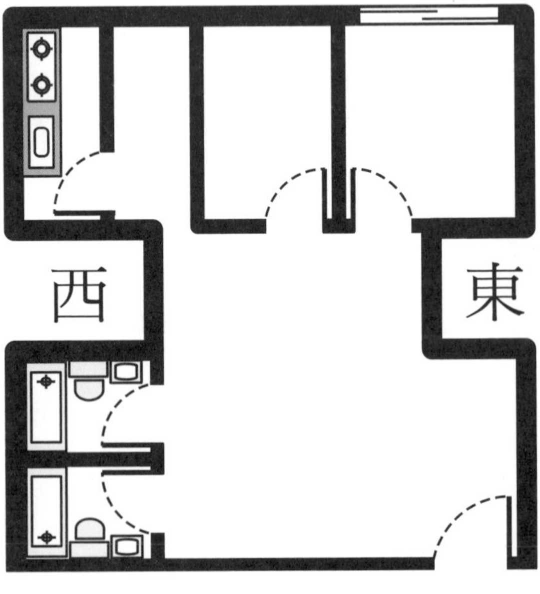

東方凹入，衣食不周

房子的東方凹入，主房子主人衣食不周。

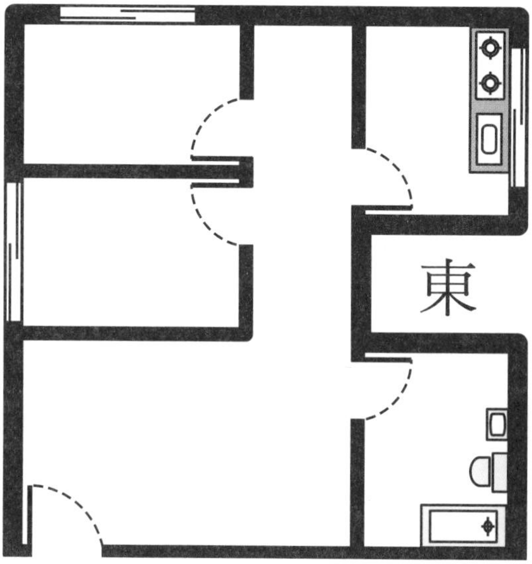

廚房的一面要面向外面

廚房的一面要面向外面，千萬不可完全封閉在房子之中，這種情形常見在一些為增加空間的房子中，這樣做不僅衛生不好，而且還會影響家運。

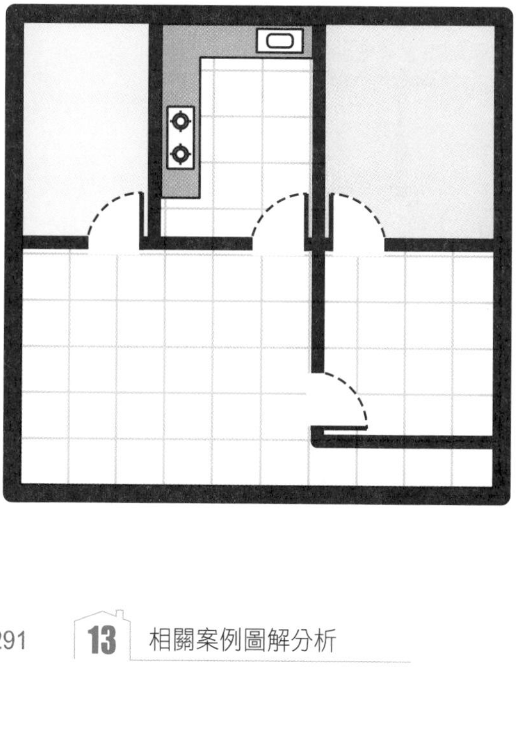

廚房不要在兩個臥室之間

廚房不要在兩個臥室之間，違反此忌諱，對臥室的人都不利。

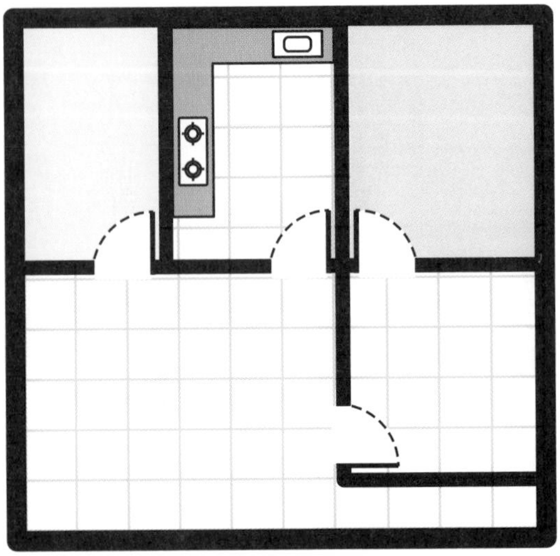

客廳在屋子中央，大吉

客廳在屋子中央，是最好的住宅布局，預示著家運昌隆。

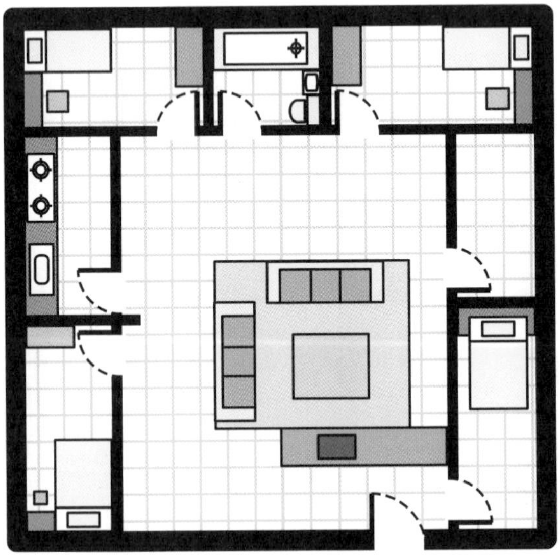

開門見屋角煞大凶

大門不宜對著對面屋子的屋角，由於坐向或空間的原因，這種情況很有可能發生。對著屋角，這是標準的「屋角煞」，與自家房子形成兩股力量，尤其不吉。如果發生了這種情況，需要用「泰山石」或「鏡子」阻擋反射，破解霉運。

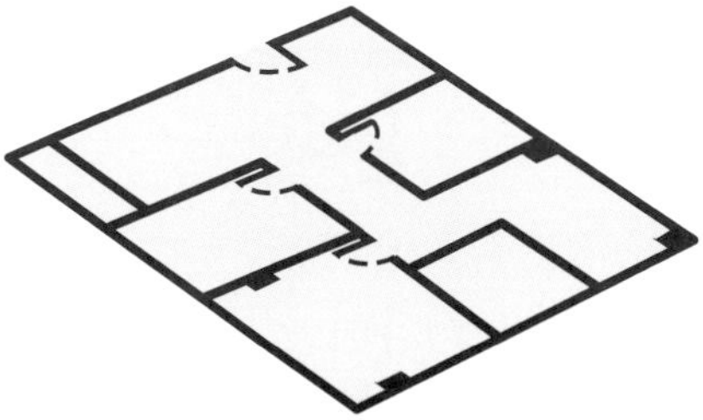

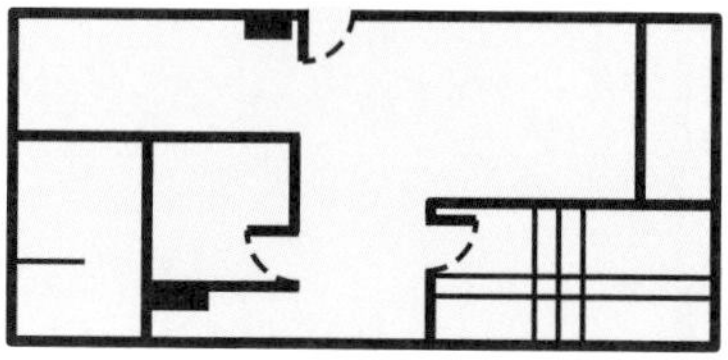

走廊不要把房子分成兩半

走廊一般要短，不要過長，如果把房子分成兩半，就是凶相。

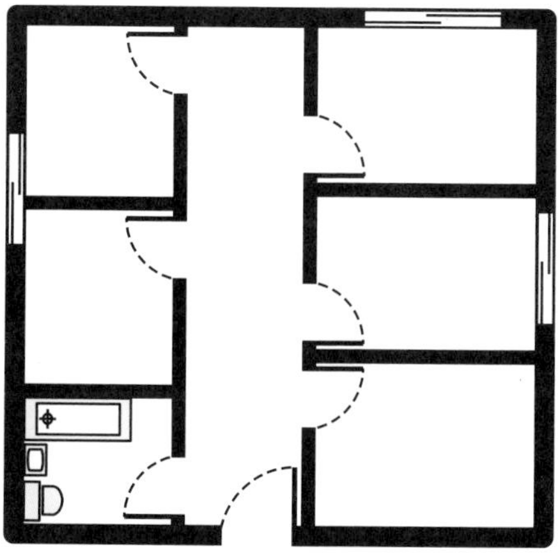

回字形走廊對宅運大大不利

屋裡的走廊最好不要形成回字形，否則會影響宅運，對住在此宅的人來講也會有禍端發生。

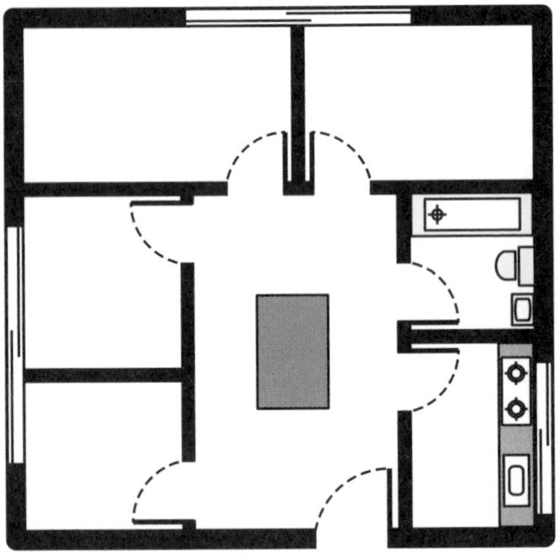

浴室在走廊的盡頭屬大凶

浴室在走廊盡頭，對家人健康有害，屬大凶。

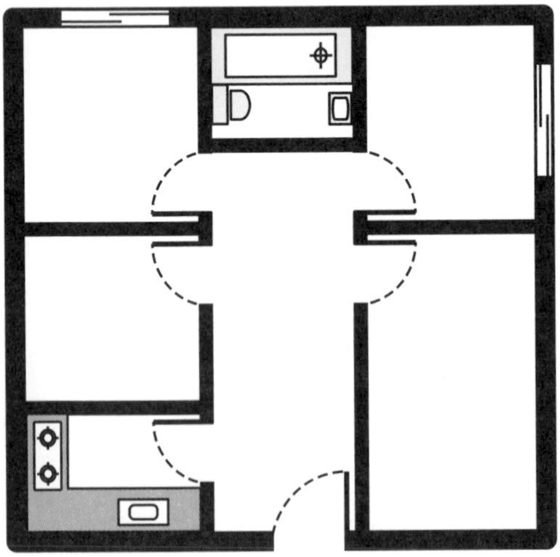

前寬後窄，難以昌盛

房子前寬後窄，不但財運破壞，且人丁越來越少，難以昌盛。

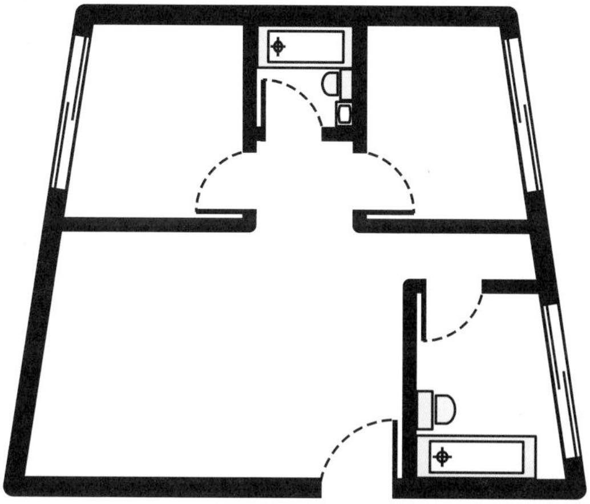

前窄後寬，大器晚成

房子前窄後寬，而且呈梯形，這叫日小肚大，家運會蒸蒸日上，屬於大吉。

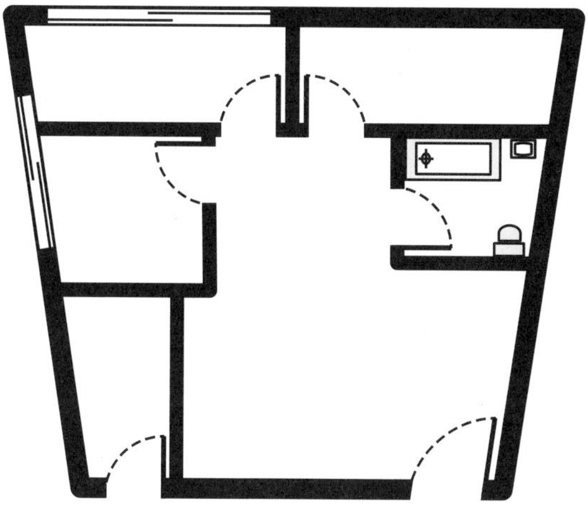

住房缺西南角，消化不良

住房缺西南角（坤掛），屋中人容易消化不良。而且對家中宅母身體不利。

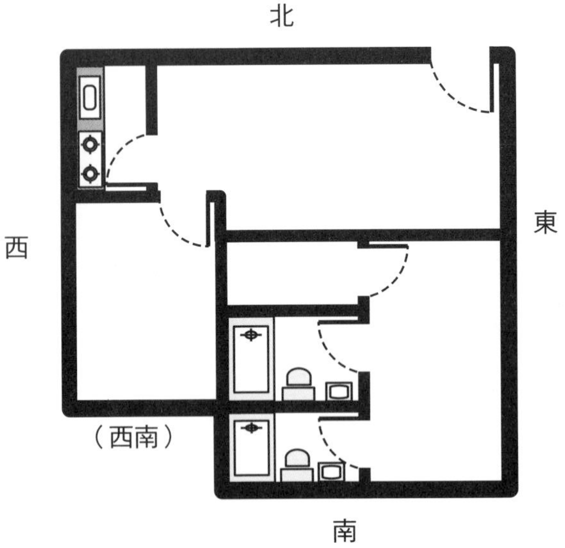

住宅左右不對稱，影響妻子子女

住宅左右不對稱，影響妻子子女，對他們極為不利。

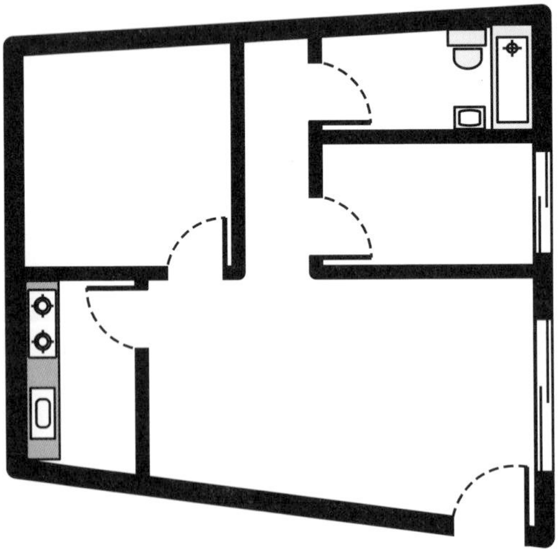

國家圖書館出版品預行編目(CIP)資料

風水學教科書/何榮柱編著. -- 二版.
-- 新北市 : 宏道文化事業有限公司出版 :
雅書堂文化事業有限公司發行, 2021.06
304面 ; 17x23公分. -- (知命館 ; 4)
ISBN 978-986-7232-86-1(精裝)

1.堪輿

294 110004509

【知命館】04

風水學教科書 新裝版

作　　者／何榮柱

出 版 者／宏道文化事業有限公司
發 行 者／雅書堂文化事業有限公司
郵撥帳號／19934714
戶　　名／宏道文化事業有限公司
地　　址／新北市板橋區板新路206號3樓
電子信箱／sv@elegantbooks.com.tw
電　　話／02-8952-4078
傳　　眞／02-8952-4084

二版一刷　2021年6月

定價 520元

作者簡介　何榮柱

經歷

大陸東方易學文化研究院首席顧問
大陸中國建築風水研究院首席顧問
十全轉運姓名學派創始人及專利獲獎人
FM89.7淡水河電台「姓名學命運大不同」節目主講人
FM99.3新聲廣播電台「姓名學命運大不同」節目主講人
台灣藝術台命運轉轉專任命理老師暨講師
如觀堂風水命理研究中心負責人
中國南京國學院註冊環境文化風水副高級評估師
新竹市中華風水命相學會常務理事
新竹市立文化中心特邀姓名學講師
新竹市風城百貨特聘姓名學義相老師
新竹市淨心服務協會常務理事
國泰人壽姓名學講師
馬來西亞（檳城）特邀命理老師專題演講
中國河洛理數易經學會姓名學顧問
二〇一一中國當代命名策畫名師
二〇一二中國十大地理風水名師

※著作：《姓名學教科書》、《八字學教科書》、《風水學教科書》
《超級神算（簡體版）》、《轉運神通寶典（簡體版）》

服務項目

一、陰陽宅風水鑑定
二、八字論命
三、男女合婚
四、嬰兒命名、成人改名、公司行號命名
五、手面相鑑定
六、卜卦、測字、梅花易數
七、一般擇日
八、姓名學、八字學、風水學、手面相學、開運名片學、轉運學、傳授招生執業
九、開運名片設計
十、（陰盤及陽盤）奇門遁甲轉運風水調理

住　　址：新竹市士林一街12號
預約電話：03-5331186～7　行動電話：0910159842
姓名學網站：www.6666tw.com
E-mail：golden.her@msa.hinet.net
通訊服務：請先電話詢問詳情以免有誤
現金袋寄掛號信至上述地址
書寫正確生辰八字、姓名、性別、地址、電話

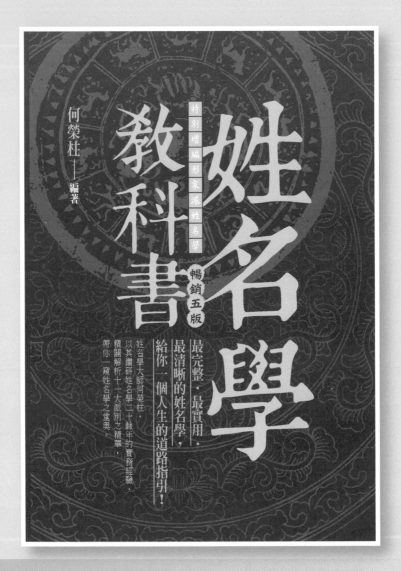

姓名學教科書

人為何要有姓？而名字又是從何而來呢？

你在農民曆上看到八十一劃之吉凶靈動數，
這些數理的吉凶又是誰發明的呢？其準確度又是如何？
你的姓名又為何能掌控你的命運？

命理大師何榮柱說：
命理的研究是無窮無盡的，更不能歸類於哪一種學術才是正宗的五術。
而「存在」就是合理，
問題是如何從合理中找出個中的精華所在！

作者每年看超過三千個的姓名，累積其二十年來的經驗，
將各門各派分門別類加以分析、整理成十大派別，
並深入探討以供讀者們參考與研究。

姓名學十大派別

1. 八字派
2. 生肖派
3. 格局派
4. 五格派
5. 六神沖剋
6. 九宮流年
7. 筆劃派（太乙派）
8. 天運派
9. 三才派
10. 十長生

宏道文化

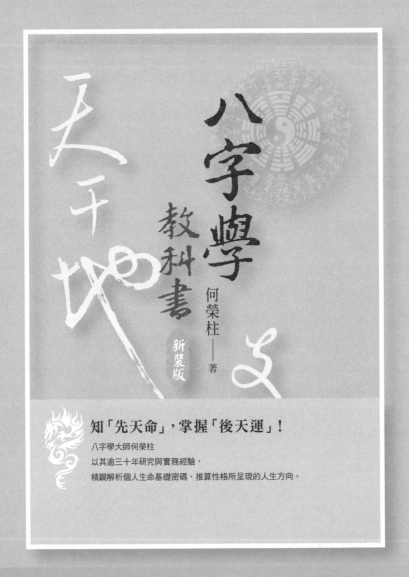

八字學教科書

知「先天命」，掌握「後天運」！

八字學大師何榮柱以其將近三十年研究與實務經驗，
精闢解析個人生命基礎密碼，推算性格所呈現的人生方向。

八字學大師何榮柱說：
可以將八字比擬成身體，
身體乃由各種組織、器官所構成，當組織、器官運作不良時，
身體就會產生不同症狀，因此必須要查明發生的原因，
採取相對應的「用神」治療，對八字產生正向的影響，
才可以減輕、消除症狀。

人的命運是可知、可預測的，
八字學大師何榮柱以其將近三十年研究與實務經驗，
告訴你如何以出生時間來預測命運的運動方向，開創人生新格局！

宏道文化